Mirjam Prüver

Lernwerkstätten für 0- bis 3-Jährige

Mirjam Prüver ist staatlich geprüfte Erzieherin und seit 1998 bei der Landeshauptstadt München beschäftigt. Seit 12 Jahren ist sie als Einrichtungsleiterin in städtischen Kinderkrippen tätig. In den Jahren 2004 bis 2008 nahm sie an dem bundesweiten Projekt „Plattform Ernährung und Bewegung (PEB)" teil und beteiligte sich an dem 2011 erschienenen Buch „Gesunde Kita – starke Kinder". Im November 2010 übernahm sie den Aufbau einer neuen Kinderkrippe mit dem Schwerpunkt Gesundheitsförderung.

Mirjam Prüver

Lernwerkstätten für 0- bis 3-Jährige

Mit Praxisideen für kleine Entdecker

Bei Fragen und Anregungen wenden Sie sich bitte an unsere Berater:
Marketing, 14328 Berlin, Cornelsen Service Center,
Servicetelefon 030 / 89 785 89 29

Weitere Informationen finden Sie im Internet unter:
www.cornelsen.de/fruehe-kindheit

Redaktion: Renate Krapf, Weinheim
Umschlaggestaltung & Layout: Claudia Adam Graphik-Design, Darmstadt
Technische Umsetzung: Ludger Stallmeister, Wuppertal
Fotos: © Mirjam Prüver, München
Titelfotografie: © fotolia.com – Mikhail Grigoryev

1. Auflage 2014

Druck: Beltz Bad Langensalza GmbH

ISBN 978-3-589-24885-8

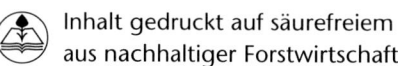 Inhalt gedruckt auf säurefreiem Papier
aus nachhaltiger Forstwirtschaft.

Inhalt

Vorwort   7

1 Grundsätzliche Überlegungen zu Lernwerkstätten   9

1.1 Bildungsbereiche und Bildungsorte in der Kinderkrippe   10

1.2 Entstehung und pädagogischer Hintergrund von Lernwerkstätten   13

Zum Begriff „Lernwerkstatt"   14
Besonderheiten von Lernwerkstätten für Kinder unter drei Jahren   15
Ziel von Lernwerkstätten   19
Pädagogische Grundgedanken zur Idee „Lernwerkstatt"   20
Prinzipien einer Lernwerkstatt   22
Die Rolle der Erzieherin in der Lernwerkstatt   24
Exemplarischer Ablauf einer Lernwerkstatt-Zeit   26

1.3 Modelle von Lernwerkstätten   29

Feste Lernwerkstatt in einem eigenen Raum   29
Mobile Lernwerkstatt   30
Lernwerkstätten bzw. Funktionsräume in offenen Konzepten   31

2 Lernwerkstätten in der Praxis   36

2.1 Lernbereiche und geeignete Materialien   37

Mathematisch-naturwissenschaftlicher Lernbereich   39
Lernbereich „Natur und Garten"   45
Lernbereich „Lebenspraxis"   49
Lernbereich „Musik"   50
Lernbereich „Medien"   51
Lernbereich „Kreativität"   53
Lernbereich „Literacy und Sprache"   56

2.2 Lernwerkstätten innerhalb von Projekten 59

Projektarbeit „Apfel"   60
Projektarbeit „Berufe"   61
Projektwochen „Gesunde Ernährung"   62
Projektwochen „Kindergarten"   65
Projektwochen „Kunst und Malerei"   68

2.3 Lernwerkstätten für Kinder unter einem Jahr 72

Besonderheiten der Raumgestaltung   72
Beispiele für Lernwerkstätten   74

2.4 Eine erste Lernwerkstatt in der Kinderkrippe einrichten 77

Geeignete Voraussetzungen schaffen   77
Erfahrungsbericht: Von der Bauecke zur Lernwerkstatt   79

3 Reflexion, Dokumentation und Zusammenarbeit mit Eltern 86

3.1 Reflexions- und Dokumentationsformen 87

3.2 Bildungs- und Erziehungspartnerschaft mit den Eltern 91

Schlusswort   95
Literatur   96

Vorwort

Ursprünglich kannte ich den Begriff „Lernwerkstatt" nur aus dem Grundschul- und Kindergartenbereich. Lernwerkstätten sollen Kindern andere Wege und Methoden des Lernens ermöglichen und Übergänge, zum Beispiel von der Kindertagesstätte in die Schule oder von der Grundschule in die weiterführende Schule, erleichtern, so mein eher oberflächliches Wissen zu diesem Thema.

Eine Lernwerkstatt für Kinder unter drei Jahren in unserer Einrichtung einzurichten, stand ich daher anfangs zugegebenermaßen sehr skeptisch gegenüber. Allein der Begriff „Lernwerkstatt" hörte sich für mich zunächst sehr „verschult" an und schien sehr weit weg von der Pädagogik, die wir in unserer Einrichtung vertreten, nämlich das Kind frei spielen zu lassen und es in seinen individuellen Entwicklungsstufen zu begleiten und gegebenenfalls zu unterstützen. Davon ausgehend, dass ein Kind, gerade unter drei Jahren, in allem, was es macht, lernt und ein Lernen nicht auf einzelne Situationen oder Räume beschränkt sein kann, konnte ich mir eine Lernwerkstatt in der Kinderkrippe nicht vorstellen. Mehr noch, ich hielt es für eine dieser „pädagogischen Wellen", die in regelmäßigen Abständen die Einrichtungen überschwemmen, und die bis dahin stattfindende Pädagogik auf den Kopf stellen, um nach einiger Zeit wieder genauso schnell abzuebben, wie sie gekommen sind.

Dennoch oder vielleicht gerade weil wir den Lernwerkstätten kritisch gegenüberstanden, begann zunächst eine Kollegin im Team, sich intensiver mit dem Thema zu befassen. Obwohl ihr nur Literatur und eine Fortbildung mit diesem Schwerpunkt und dementsprechende Ideen für Kinder ab drei Jahren zur Verfügung standen, sah sie dennoch ziemlich bald die Möglichkeit, diese Ideen auch auf unter Dreijährige herunterzubrechen, und war begeistert. Sie gründete die erste kleine Lernwerkstatt in ihrem Gruppenraum. Diese sollte aber nicht als explizierter, ausschließlicher Lernraum dazukommen, sondern den Kindern eine zusätzliche Möglichkeit bieten, vielfältige Lernerfahrungen zu machen. Die Kinder nahmen die Lernwerkstatt sehr gut an und bald war das „Erdbeerzimmer" während der offenen Gruppenzeit der beliebteste Raum im ganzen Haus. Schnell steckte die Kollegin mit ihrer Begeisterung für das Thema das gesamte Team an und so integrierten wir bald eine neue Lernwerkstatt in unserem großen Kunstatelier. Zunächst fand die Lernwerkstatt einmal in der Woche für Kinder ab zwei Jahren statt.

Das Ergebnis war erstaunlich. Die Kinder spielten, forschten und arbeiteten über einen längeren Zeitraum sehr konzentriert, oft völlig in sich versunken, mit den verschiedenen Materialien in der Lernwerkstatt. Bald reichte die kurze wöchentliche und auf die älteren Kinder beschränkte Öffnungszeit nicht mehr aus und wir beschlossen, die Lernwerkstatt zum einen zu vergrößern und zum anderen nicht nur einmal in der Woche zu öffnen, sondern den Kindern selbst die Entscheidung zu überlassen, wann und wie oft sie in der Lernwerkstatt tätig sein wollen. Wir änderten lediglich das Materialangebot, sodass es auch jüngere Kinder ansprach – und auch hier mit dem gleichen Ergebnis: Die Kinder befassten sich in völliger Ruhe und mit sehr großer Konzentration mit dem Angebotenen. Sie forschten, experimentierten und spielten völlig selbstbestimmt in dem von ihnen gewählten Lernbereich.

Letztendlich waren es die Kinder ganz allein, die uns – und vor allem mich – eines Besseren belehrten und zeigten, welche Bereicherung die Lernwerkstatt für eine Kita bedeuten kann. Eine große Besonderheit liegt darin, dass Lernwerkstätten so vielseitig einsetzbar sind und sich mit vielen bereits seit Jahren bekannten pädagogischen Ansätzen und Methoden verknüpfen und erweitern lassen.

Dieses Buch soll Einblick in die Praxis geben und zeigen, inwieweit sich Lernwerkstätten für Kinder unter drei Jahren von denen für ältere Kinder unterscheiden und welche Formen und Möglichkeiten es gibt, Lernwerkstätten erfolgreich in den pädagogischen Alltag mit jüngeren Kindern zu integrieren.

Mirjam Prüver

Alle pädagogischen Fachkräfte und Ergänzungskräfte werden der Einfachheit halber im Folgenden in der weiblichen Form genannt.

I | Grundsätzliche Überlegungen zu Lernwerkstätten

1.1 Bildungsbereiche und Bildungsorte in der Kinderkrippe

Gerade in den letzten Jahren hat sich das Bild der Kinderkrippen in der Gesellschaft stark gewandelt. Während noch vor einiger Zeit Eltern die Kinderkrippe als „notwendiges Übel" betrachteten, weil sie arbeiten mussten, wird sie heute eher als Bereicherung für das Kind gesehen und als Chance vor allem für die Mütter, schneller wieder in das Berufsleben zurückkehren zu können. Nicht zuletzt durch die nach der Veröffentlichung der Pisa-Studie im Jahre 2001 entbrannte Bildungsdebatte und den 2013 in Kraft getretenen bundesweiten Rechtsanspruch auf einen Kita-Platz für Kinder unter drei Jahren werden Kinderkrippen auch in der breiteren Öffentlichkeit nicht mehr nur als bloße Aufbewahrungsorte wahrgenommen, sondern vor allem als Orte, in denen frühkindliche Bildung stattfindet.

Das Kleinstkind wird heute nicht mehr als hilfloses Wesen angesehen, das in der Hauptsache der Nähe der Eltern bedarf, sondern als wissbegieriger Mensch, der eine geistig anregende Umgebung braucht. Ein Kind will und hat das Recht darauf, auch schon vor Eintritt in den Kindergarten seine Umwelt auf viele verschiedene Arten zu erkunden, zu erforschen und kennenzulernen. Es hat das Recht darauf, Neues zu entdecken und zu lernen, sich in einer Gemeinschaft zurechtzufinden und mit gleichaltrigen Kindern in Interaktion zu treten, egal in welche sozialen Verhältnisse es hineingeboren wurde. „(...) zwischen dem neuen Bild vom kompetenten Kind und der Betonung dessen, was ein Kind in seinen ersten Lebensmonaten und -jahren alles lernt", gibt einen scheinbaren Widerspruch, so Angelika van der Beek (vgl. 2010: 10). Sie sieht das Missverständnis in der Auslegung des Begriffes „kompetent" begründet: „Er meint nicht alles können, sondern alles lernen können" (ebd.).

Im Duden wird der Ursprung des Begriffs „Bildung" mit dem althochdeutschen Begriff „Bildunga" benannt, was unter anderem „Bildnis" bedeutet. Bildung heißt also wörtlich genommen, sich ein Bild seiner Umgebung, seiner Umwelt, seines Handelns zu machen. Spricht man über die Bildung von Kindern, heißt dies nichts anderes, als dass sich das Kind ein Bild von seinem Leben machen muss. Bildung beginnt mit der Geburt, ist ein lebenslanger Prozess und umfasst die kognitive, kulturelle, emotionale, gesundheitliche und moralische Reifung und Entwicklung eines Menschen. Diesen Prozess müssen Kinder zwar ganz von sich aus leisten, allerdings benötigen sie dafür auch vielfältige äußere Anregungen, Reize, Regeln, Normen und Rituale. Hier liegt die Verantwortung in den Händen der Erwachsenen, für Kinder, gleich welche familiären und soziologischen Voraussetzungen sie haben, eine möglichst anregende und interessante Umgebung zu schaffen.

Kinder sind von Natur aus neugierig und wollen ihre Welt mit all ihren Phänomenen und Gegebenheiten für sich entdecken, erkunden und erforschen. Kinder lernen erst einmal nicht, weil sie lernen sollen, sondern vor allem, weil sie es von sich aus wollen, aus ihrem eigenen selbstverständlichen Antrieb heraus. Ihr Wissensdurst und auch ihre Lernfähigkeit sind riesig. Dabei bestimmt jedes Kind, je nach Entwicklungsstand, ganz individuell sein eigenes Lerntempo und Interessengebiet. Lernerfolge motivieren und ermutigen das Kind, sich auf weitere, vielfältige Lernprozesse einzulassen. Und nicht zuletzt ist es so: Je vielseitiger und umfangreicher die Lernerfahrungen sind, die ein Kind machen kann, umso größer wird die grundsätzliche Aufnahmefähigkeit des Gehirns. Der Kita obliegt hier die Aufgabe, ergänzend zu den Lernerfahrungen, die das Kind in und durch seine Familie macht, Räume zu schaffen, in denen das Kind unabhängig von seiner Sozialisation Orte findet, in denen es das angeborene Bedürfnis nach Wissen und Lernen nicht verliert, sondern Anregungen und Anforderungen findet, seine Welt in all ihren Facetten zu begreifen.

Die Aufgabe der Kita ist es, für die Kinder Räume zu schaffen, in denen

- sie aktiv sein dürfen und selbstbestimmtes Handeln erlernen,
- ihr Interesse geweckt wird,
- sie die Möglichkeit haben, zu forschen und zu experimentieren,
- Lösungsmöglichkeiten angeboten bekommen,
- Grenzen gesetzt bekommen und Orientierung erhalten,
- Kinder immer sie selbst sein dürfen,
- sie sich wohlfühlen,
- soziale Gefüge kennen und soziales Handeln erlernen und
- Wertschätzung ihrer Person und ihres Handelns erfahren.

Geht es um die Einführung von Lernwerkstätten in Kinderkrippen, führen Kritiker gerade den Aspekt an, dass eine Kinderkrippe als gesamter Lernraum zu betrachten sei. Sie sehen vor allem die Gefahr darin, dass der Lernaspekt zu stark auf den Bereich Lernwerkstatt gelegt wird und dieser die bisherigen Lernräume und -möglichkeiten innerhalb der Kita, zum Beispiel durch Bewegung, Musik und in der Natur und Umwelt, verdrängt. Vor allem Eltern würde so ein eingeschränktes Bild des ganzheitlichen Lernens der Kinder in der gesamten Einrichtung vermittelt.

Zunächst einmal ist es deshalb von besonderer Bedeutung festzustellen, dass sich Lernräume und Lernwerkstätten nicht grundlegend voneinander unterscheiden, sondern sich vielmehr ergänzen. Eine Lernwerkstatt ist ebenso auch ein Lernraum, und innerhalb eines herkömmlichen Lernraumes existiert so manche Lernwerkstatt.

Lernwerkstätten sind so unterschiedlich wie die Tageseinrichtung, in der sie entstehen. Oder anders ausgedrückt: Jede Lernwerkstatt sieht anders aus. Die Einrichtung und Gestaltung einer Lernwerkstatt hängen letztendlich von verschiedenen Faktoren ab: der Bereitschaft der Erzieherinnen, sich auf Neues einzulassen, dem Alter, Entwicklungsstand und vor allem Interesse der Kinder, aber auch von den Rahmenbedingungen und den Räumlichkeiten der Kinderkrippe.

Die Lernwerkstatt sollte nie als einziger, besonderer Lern- bzw. Forscherraum gesehen werden, sondern als zusätzliches Angebot, das wie jedes andere Angebot auch in die Normalität des jeweiligen Kita-Alltags eingebettet und damit ein normaler Teil des pädagogischen Konzeptes ist.

Die erste pädagogische Lernwerkstatt (angelehnt an den englischen Begriff „Workshop-Center") wurde im Jahre 1981 von Karin Ernst an der Technischen Universität in Berlin gegründet. Hier ging es vor allem darum, in erster Linie Lehrerinnen und Lehrern die Möglichkeit zu geben, wie Kinder zu experimentieren, zu forschen und durch selbstbestimmtes Handeln zu lernen, um diese Erkenntnisse für eine neue Art des Lehrens zu nutzen. Ernst und Wedekind haben Lernwerkstätten in der Bundesrepublik Deutschland und Österreich dokumentiert und beschreiben sie als „(...) Räume, die voller Material stecken und in denen sich Erwachsene, manchmal auch Kinder, treffen, um sich mit diesen Materialien lernend auseinanderzusetzen – durch eigenes Tun und aktive Nutzung all dessen, was in diesen Räumen vorhanden ist, durch Sichten des Materials für eine spätere Verwendung in anderen Lernzusammenhängen oder durch Gespräche über pädagogische Fragen in Arbeits- bzw. Beratungssituationen" (Ernst/Wedekind 1993: 9).

Fast zeitgleich befasste sich die Gesamtschule Kassel mit der Erarbeitung einer weiteren Lernwerkstatt. Schließlich 1983 gegründet bezog sich diese zwar ebenfalls auf die (Aus-)Bildung von Lehrern, schloss aber Kindergruppen bereits mit ein. Ein mit vielen unterschiedlichen Materialien gefüllter Raum sollte den Kindern ein anderes Lernen als im bisher stattfindenden Frontalunterricht ermöglichen. Die Kinder sollten lernen, ihr Lernen selbstständig zu gestalten bzw. mitzugestalten.

Lernwerkstätten hielten bald auch ihren Einzug in die Kindergärten mit dem Ziel, Kinder auf die Schule vorzubereiten. Allerdings sollte auch hier das Lernen durch eigenständiges Handeln, Entdecken und Erforschen im Vordergrund stehen, im Gegensatz zum herkömmlichen Frontallernen wie etwa dem Ausfüllen von vorbereiteten Schwung- und Arbeitsblätter.

Der Begriff „Lernwerkstatt" machte im wahrsten Sinne bald Schule und fand bald als Bezeichnung für verschiedenste Lernangebote Verwendung. Von Workshops bis zu Werbeveranstaltungen für didaktische Materialien – vieles läuft heute unter dem Begriff „Lernwerkstatt" und sorgt so aber auch häufig für Missverständnisse.

Zum Begriff „Lernwerkstatt"

Wörtlich genommen setzt sich der Begriff „Lernwerkstatt" aus den Wörtern „Lernen" und „Werkstatt" zusammen. „Lernen" bedeutet laut Duden unter anderem, sich Wissen und Kenntnisse anzueignen und seinem Gedächtnis einzuprägen oder Fertigkeiten zu erwerben. Auch im Laufe der Zeit durch Erfahrungen und Einsichten zu einer bestimmten Einstellung oder einem bestimmten Verhalten zu gelangen, wird dort erwähnt (vgl. www.duden.de/rechtschreibung/lernen, Zugriff 03.04.14). Im alltäglichen Sprachgebrauch wird „Lernen" jedoch überwiegend im Zusammenhang mit Schule oder dem Schuleintrittsalter genannt und ist bei vielen Menschen nicht zuletzt aufgrund der eigenen Schulerfahrungen nicht nur positiv besetzt. So bedeutet „Lernen" für viele nicht nur, Neues zu erfahren, zu begreifen oder Reifung, sondern auch Stress und Druck oder weckt mitunter sogar das Gefühl von Angst und Versagen.

Der Begriff „Werkstatt" ist laut Duden unter anderem eine Stätte, die zum Arbeiten bestimmt ist bzw. an der eine berufliche Tätigkeit ausgeübt wird (vgl. http://www.duden.de/suchen/dudenonline/Werkstatt, Zugriff 03.04.14). Mit dem Begriff „Werkstatt" werden die meisten also zunächst eher eine Schreinerei, Automobilwerkstatt oder Ähnliches verbinden als einen pädagogischen Raum in einer Kinderkrippe.

In einer Werkstatt finden komplexe Vorgänge statt, es wird etwas produziert, erforscht, es werden Prozesse beobachtet und es wird umgewandelt, in der Regel in kleinen Teilstücken, um ein bestimmtes Ergebnis zu erzielen. Betrachtet man den Begriff unter diesen Aspekten, werden wesentliche Parallelen zur Pädagogik sichtbar. Gerade Kleinstkinder lernen in allem, was sie tun. Indem sie etwas produzieren, erforschen, umwandeln und beobachten, lernen sie ihre Umwelt kennen und sich darin zurechtzufinden.

Dass Lernwerkstätten auch in Kinderkrippen ihren Platz und vor allem ihre Berechtigung haben können, ist neu und doch nur die Konsequenz aus der veränderten Kleinstkindpädagogik der letzten Jahrzehnte und der damit einhergehenden Entwicklung der Kinderkrippe von der pflegerischen Aufbewahrungsanstalt hin zu einem Ort der frühkindlichen Bildung.

In vielen Kinderkrippen bestehen bereits unterschiedliche Lernwerkstätten, ohne dass diese auch so benannt werden. Und dennoch ist der Begriff „Lernwerkstatt" wichtig, denn er steht für die Öffnung der Pädagogik hin zu individuellen, selbstbestimmten und selbstgesteuerten Lernprozessen.

Warum sind Lernwerkstätten jedoch im Kleinstkindbereich noch weitestgehend unbekannt oder für viele nicht vorstellbar? Eine Antwort könnte im Verständnis des Verhältnisses von Spielen und Lernen liegen. Trennt man diese Aspekte streng und klammert das kindliche Spiel in der Lernwerkstatt total aus, kann eine Lernwerkstatt für Kinder unter drei Jahren tatsächlich nicht existieren. Nimmt man allerdings das kindliche Spiel als eigenen Lernprozess wahr und lässt das kindliche Spiel in der Lernwerkstatt zu, ist eine Lernwerkstatt auch in der Kinderkrippe ein Ort, an dem frühkindliche Bildung stattfindet, und damit eine sehr große Bereicherung.

Vor allem im Hinblick auf die Vermittlung pädagogischer Inhalte in der Zusammenarbeit mit Eltern ist es wichtig, die Lernwerkstatt nicht als etwas Besonderes, sondern als normales Angebot innerhalb des pädagogischen Konzepts darzustellen. Denn in der Einrichtung findet „Lernen" in jedem Raum, egal ob geschlossen oder offen, den ganzen Tag über statt und es werden den Kindern z. B. in Bewegungsangeboten, auf Ausflügen in die Natur oder während einer hauswirtschaftlichen Aktivität wichtige Lerninhalte vermittelt. Die Einrichtung einer Lernwerkstatt ist nur eine zusätzliche Möglichkeit für Kinder, ihrem Bedürfnis nach Lernen selbstbestimmt nachzukommen. Anders als an den bereits bestehenden „Lernorten", an denen frühkindliche Bildung stattfindet, wird bei der Lernwerkstatt lediglich der Ort des Lernens direkt genannt.

Selbstbestimmtes Lernen in der Lernwerkstatt „Magnetismus"

Besonderheiten von Lernwerkstätten für Kinder unter drei Jahren

Der große Unterschied zwischen einer Lernwerkstatt in der Kinderkrippe und im Elementarbereich liegt zum einen darin, dass in der Krippe das freie kindliche Spiel einen sehr großen Raum einnehmen muss, und zum anderen für den Erwachsenen nicht immer eindeutig erkennbar ist, was das Kind im Moment in seinem Lernbereich besonders fesselt. Da die (Sprach-)Entwicklung der Kinder meist noch nicht weit genug fortgeschritten ist, um zu sagen, was sie gerade besonders beschäftigt oder was sie gelernt haben, bleibt dies nicht selten der individuellen Interpretation der Beobachterin überlassen.

Was lernt Lia beim Hantieren mit den Dosen? Lernprozesse von Kindern, die noch nicht sprechen können, sollten vor allem wertfrei dokumentiert werden

Beispiel:

Die 16 Monate alte Lia beschäftigt sich in der Lernwerkstatt über längere Zeit mit verschiedenen Tuben. Sie schaut sie an, dreht sie in ihren Händen, klappt den Deckel immer wieder auf und zu. Lia kann aufgrund ihrer sprachlichen Entwicklung noch nicht mitteilen, ob sie der Mechanismus der Deckel, die Form der Tuben oder die verschiedenen Farben besonders interessieren. Anders als bei Lernwerkstätten im Kindergarten oder in der Schule liegt die Auswertung daher weniger auf der anschließenden – verbalen – Reflexion der Lerneinheit, sondern in einer möglichst wertfreien Dokumentation.

Die Bedeutung des kindlichen Spiels für umfangreiche Lernprozesse

Besonders für Kinder unter drei Jahren findet Lernen den ganzen Tag über statt. Für sie ist alles, was sie erleben und erfahren, Lernen. Ganz besonders elementare Lernerfahrungen finden während des Spielens statt. Aus diesem Grund ist es unabdingbar, das kindliche Spiel in der Lernwerkstatt zuzulassen und zu integrieren. Einer der häufigsten Irrtümer ist es, die Begriffe „Lernen" und „Spielen" voneinander zu trennen.

> Spielen und Lernen sind keine Gegensätze, sie bedingen einander.

Das kindliche Spiel beinhaltet wichtige Lernprozesse und Erfahrungen. „Im Spiel lernt man nicht nur etwas über die Welt, sondern richtet sein Verhältnis zur Wirklichkeit so ein, dass man allmählich die Notwendigkeiten der Wirklichkeit mit den persönlichen Bedürfnissen versöhnt. Für diese Versöhnung brauchen Kinder Zeit und Möglichkeit zum Ausprobieren", so Gerd Schäfer (2011: 108). Er nennt das „Spiel das wichtigste Lernfeld in der frühen Kindheit" (ebd.). Es bildet eine wichtige Grundlage für alle Entwicklungs- und Bildungsbereiche des Kindes:

- *Im kognitiven Entwicklungsbereich:* Um zu reifen und Strukturen und Verknüpfungen herzustellen, benötigt das Gehirn immer neue Anforderungen. Gerade im täglichen Spiel konzentriert sich das Kind und lernt dabei die Welt in all ihren Facetten kennen.

- *Im emotionalen Entwicklungsbereich:* Das Kind verarbeitet im Spiel Situationen oder Erlebnisse und lernt, diese einzuordnen oder zu bewältigen. Es lernt, mit Niederlagen umzugehen, aber auch Stolz und Freude über Gelungenes zu erleben. Es lernt eigene Grenzen kennen, einzuschätzen, aber auch zu überwinden.
- *Im sozialen Entwicklungsbereich:* Im Spiel setzt sich das Kind mit anderen Kindern oder auch Erwachsenen auseinander und findet so seinen Platz in der Welt.
- *Im sprachlichen Entwicklungsbereich:* Gerade im Spiel wird die Sprachentwicklung des Kindes besonders gefördert. Das Kind lernt von und mit seinen jeweiligen Spielpartnern, etwa im Finger-, Rollen- oder Bewegungsspiel.
- *Im ästhetischen Bildungsbereich:* Das Kind lernt seine Umwelt mit allen Sinnen kennen, ob dies die Wahrnehmung des eigenen Körpers im Bewegungsspiel oder die eigene Kreativität oder musische Bildung ist. All dies wird innerhalb des Spiels für ein Kind erfahr- und begreifbar.
- *Im mathematisch-naturwissenschaftlichen Bildungsbereich:* Forschen, experimentieren, naturwissenschaftlichen Vorgängen und Phänomenen auf den Grund zu gehen, auch das kann im Zentrum des kindlichen Spiels stehen.

Ein Kind lernt im Spiel und spielt, um zu lernen! Auch wenn das Lernen sicher auch in der Lernwerkstatt für Kinder der zentrale Punkt ist, so wird doch deutlich, dass die Kinder dort auch spielen dürfen und sollen, um in und aus ihrem Spiel zu lernen oder dies in einem nächsten Schritt für sich individuell weiterzuentwickeln.

Beispiel:

Eine Lernwerkstatt in der Grundschule und in der Krippe verfügen über ein Kinderbüro mit Telefonen, Taschenrechnern, verschiedenen Stiften, Computern und Kalendern. Während die Grundschüler den Umgang mit dem Computer erlernen und sich tatsächlich mit der medialen Welt des Internets auseinandersetzen, herrscht im Kinderbüro der Kinderkrippe das Rollenspiel vor. Für die Kinder ist es nicht wichtig, ob der Computer oder das Telefon in der Realität funktionieren. Sie wollen Gesehenes nachahmen und so verarbeiten oder begreifen.

Bei genauer Betrachtung sind die wichtigsten Aspekte in beiden Beispielszenarien allerdings die gleichen: Die Kinder beschäftigen sich ruhig, konzentriert und vor allem ungestört und solange sie möchten mit einem bestimmten Thema.

- Die Grundschulkinder lernen dabei, wie sie sich in der medialen und interaktiven Welt zurechtfinden.

- Die Kinder unter drei Jahren lernen beispielsweise, wie das Telefon auf die Feststation zu setzen ist, damit es dort stehen bleibt, wie der Computer auf- und wieder zugeht oder dass unterschiedliche Stifte unterschiedlich schreiben usw.

Im Kinderbüro der Kinderkrippe herrscht das Rollenspiel vor

Wie und was Kinder lernen, ist höchst unterschiedlich und abhängig von vielen Faktoren wie Wissens- und Entwicklungsstand, Interesse, Alter, Anreize und Lernmöglichkeiten. Im besten Fall bestimmen die Kinder daher ihre Lerninhalte und ihr eigenes Lerntempo selbst, bauen nach und nach auf bereits gemachte Erfahrungen auf und entwickeln diese Erfahrungen und Erkenntnisse weiter.

Das Thema bzw. das Lernfeld einer Lernwerkstatt kann unabhängig vom Alter dasselbe sein. Nur der Weg, den das Kind geht, und was es letztendlich lernt, sind unterschiedlich. Ein Kind kann sich ein Thema immer wieder erarbeiten und weiterentwickeln. Die Art und Weise, wie dies geschieht, und welcher Lernprozess sich daraus ergibt, hängen vom Alter, Entwicklungsstand und vom individuellen Interesse des Kindes ab, wie die folgenden Beispiele zeigen.

Beispiel 1:

In der Lernwerkstatt werden den Kindern zum Thema „Magnetismus" bunte magnetische Kugeln in einem Korb angeboten. Anna (18 Monate) greift in den Korb und rührt darin mit der Hand herum. Anschließend nimmt sie eine Kugel heraus, um diese in ein danebenstehendes, leeres Körbchen zu legen. Schnell merkt sie, dass einige Kugeln hierbei aneinander kleben bleiben. Sie versucht, sie zu trennen, um sie kurz darauf wieder zusammenzuführen. Nach und nach wecken auch andere Magnete wie ein Stab- und ein kleinerer Hufeisenmagnet ihr Interesse. Sie versucht ein paar Mal, eine Magnetkugel an den Stabmagneten zu führen. Als dies nicht gelingt, legt sie die Kugel beiseite und versucht es mit kleinen Magnetplättchen, die in einem weiteren Körbchen vor ihr stehen. Sie lacht, als diese tatsächlich hängen bleiben. Anna hat dabei wahrscheinlich, es handelt sich um eine Interpretation, da Anna noch nicht spricht, folgende Lernerkenntnis: Verschiedene Dinge haften aneinander, andere nicht.

Beispiel 2:

Maria (5 Jahre) hat drei Hufeisenmagnete in verschiedenen Größen in ihrer Lernwerkstatt zur Verfügung. Sie möchte zunächst wissen, wie viele Büroklammern jeweils von den unterschiedlichen Magneten gehalten werden können. Sie entdeckt, dass je größer der Magnet ist, umso mehr Büroklammern von ihm gehalten werden. Maria kann ihre Lernerkenntnis in der anschließenden Reflexion bereits selbst benennen: „Je größer der Magnet, umso größer ist die Anziehungskraft."

Beispiel 3:

Auch Manuel (7 Jahre) hat Magnete in verschiedenen Formen und Größen zur Verfügung. Diese legt er in gleicher Höhe vor sich auf einen Tisch. In einem Abstand von etwa 30 Zentimetern legt er genau gegenüber jeweils eine Büroklammer. Nacheinander führt er nun langsam mit Hilfe eines Lineals die Büroklammern langsam und gleichmäßig an die Magnete, bis die erste von ihrem Magneten angezogen wird. Auch Manuel berichtet im anschließenden Gespräch, was er herausgefunden hat: „Der Magnet wirkt auch noch in einiger Entfernung und diese Anziehungskraft ist wiederum abhängig von der Größe des Magneten."

Wie und was ein Kind lernt, ist abhängig vom Wissens- und Entwicklungsstand

Ziel von Lernwerkstätten

Auch wenn die Lernwerkstatt für Kinder unter drei Jahren andere Inhalte und Materialien bereithalten muss und das kindliche Spiel einen zentraleren Punkt einnimmt, so sind doch die Ziele, die mit der Gründung einer Lernwerkstatt verbunden sind, in den meisten Punkten identisch oder zumindest vergleichbar mit einer Lernwerkstatt für ältere Kinder. Kinder können dort

- in Ruhe tätig sein,
- störungsfrei und konzentriert lernen,
- naturwissenschaftlichen sowie mathematischen Vorgängen und Gegebenheiten auf den Grund gehen,
- eigenständig tätig sein, forschen und erkunden,
- Strukturen entschlüsseln und innerhalb ihres ganz individuellen Lerntempos ihren eigenen Lernweg finden,

- ihre individuellen Interessen zu einem Thema gezielt vertiefen oder erweitern,
- ihre individuellen Kompetenzen eigenständig fördern,
- Lernprozesse so oft wie nötig wiederholen und nicht zuletzt
- selbstbildend tätig sein.

In der Lernwerkstatt sind die Kinder nicht nur aktiv an ihrem Lernprozess beteiligt, sondern gestalten ihn zudem völlig selbstständig. Die Lernwerkstatt ist ein Ort, an dem die Kinder forschen, experimentieren, entdecken, erkunden, spielen und staunen dürfen.

Pädagogische Grundgedanken zur Idee „Lernwerkstatt"

Ein herausragender und zugleich sehr faszinierender Aspekt einer Lernwerkstatt liegt in der Vielfalt der pädagogischen Ansätze, die sich darin wiederfinden.

Situationsorientierter Ansatz nach Armin Krenz

Der situationsorientierte Ansatz nach Armin Krenz geht von der Lebenssituation der Kinder aus. Aktuelle Themen werden von den Erzieherinnen aufgegriffen und gemeinsam mit bzw. von den Kindern bearbeitet und selbstständig weiterentwickelt. Die Erzieherin ist also mehr Vorbild und Bildungspartnerin als Unterrichtende. Krenz geht davon aus, dass man Kinder nicht bilden kann, sondern vielmehr, dass Bildung immer durch Selbstbildung geschieht. Der Erzieherin obliegt die Aufgabe, die natürliche Lebensfreude und die damit verbundene Lernfreunde durch eine anregende Umgebung zu ermöglichen und zu fördern.

Gerade der von Krenz angesprochene Aspekt der Selbstbildung, vor allem die Freude am eigenen Tätigsein, findet sich in der Idee der Lernwerkstatt wieder. Das Kind lernt nicht durch von der Erzieherin Vorgegebenes, sondern beschäftigt sich mit dem Thema, das es in seiner momentanen Situation am meisten interessiert. Hierbei kann es vor allem seinem eigenen Entwicklungsstand gemäß tätig sein und sein eigenes Lerntempo entwickeln, ohne dass das Kind „von außen" beeinträchtigt wird oder gar Druck erfährt.

Maria Montessori

Der wohl bekannteste und wichtigste Satz Maria Montessoris (1870–1952) „Hilf mir, es selbst zu tun!" findet sich vor allem in der passiven Haltung der Erzieherin innerhalb der Lernwerkstatt wieder. Das Kind wird von der Erzieherin lediglich begleitet; sie greift nicht aktiv in das Handeln des Kindes ein. Im Sinne Montessoris steht auch in der Lernwerkstatt die Individualität des einzelnen Kindes im Vordergrund und wird der Fokus auf die Entwicklung zur Selbstständigkeit gelegt.

Reggio-Pädagogik

Die Reggio-Pädagogik, mehr noch eine Philosophie, entstand nach dem zweiten Weltkrieg im italienischen Reggio Emilia. Ihr wichtigster Vertreter, der Pädagoge und Psychologe Prof. Loris Malaguzzi (1920–1994), stellte wie das Konzept der Lernwerkstatt bzw. Forscherräume das forschende, entdeckende Kind und seinen natürlichen Wunsch, sein Wissen zu erweitern, neugierig zu sein, Neues zu erleben und zu erfahren, in den Mittelpunkt. Vorgefertigte Schablonenarbeiten der Erzieherinnen wird man in beiden Ansätzen vergeblich suchen. Dem Kind soll vielmehr die Möglichkeit gegeben werden, selbstständig seinen eigenen, ganz individuellen Weg zu finden, um sich seine Welt zu erschließen.

Freinet-Pädagogik

Nicht zuletzt finden sich auch wesentliche Aspekte und Thesen des französischen Reformpädagogen Célestin Freinet (1896–1966) in der Idee der Lernwerkstätten wieder. Den Kindern wird im Unterricht durch die Bereitstellung verschiedener Materialien die Möglichkeit gegeben, sich ein Thema selbstständig zu erschließen. Im kooperativen Miteinander ist es den Kindern möglich, beim Forschen und Arbeiten selbstständig Erfahrungen zu machen. Die Veränderung hin zur freien und eigenständigen Entwicklung einer kindlichen Persönlichkeit sah Freinet vor allem in der Veränderung des Verhaltens der Lehrenden begründet. Lehrer sind nur Rahmengeber und Unterstützer, nicht Leiter der Lerneinheit.

Zusammenfassung:

- In der Lernwerkstatt ist die Selbstbildung des Kindes das zentrale Thema.
- In einer Lernwerkstatt für Kinder unter drei Jahren nimmt neben dem Lernen auch das Spiel einen wichtigen Raum ein.
- In der Lernwerkstatt haben Kinder gezielt die Möglichkeit, aus dem Spiel zu lernen oder dies in einem nächsten Schritt für sich individuell weiterzuentwickeln.
- Die Lernwerkstatt ist ein Ort, in dem störungsfreies und konzentriertes Lernen möglich ist.
- Die Lernwerkstatt ist ein Ort, um naturwissenschaftlichen, mathematischen Vorgängen und Gegebenheiten auf den Grund gehen zu können.
- In einer Lernwerkstatt findet sich eine Vielfalt unterschiedlicher pädagogischer Ansätze wieder.

Prinzipien einer Lernwerkstatt

Aus dem bislang Beschriebenen leiten sich die Prinzipien einer Lernwerkstatt ab.

Gezielte Materialauswahl

Die Lernwerkstatt stellt den Kindern gezielt Materialien zur Verfügung, die das Wissen der Kinder erweitern. Die Kinder finden eine vorbereitete Umgebung vor, die es ihnen ermöglicht, diese Materialien kennenzulernen und zu benutzen, um mathematisch-naturwissenschaftliche Grunderfahrungen zu sammeln und ebenso Dinge des Alltags zu erforschen. Weil die Entwicklungsschritte gerade bei Kindern unter drei Jahren besonders groß sind, achten die Erzieherinnen bei der Auswahl der Materialien besonders auf das Alter und den Entwicklungsstand der Kinder.

Selbsttätiges Erforschen

Die Materialien müssen den Kindern nicht von Erwachsenen erklärt bzw. eingeführt werden, sie erarbeiten sich die Materialien selbst. Während sich das Kind mit einem bestimmten Material oder einem bestimmten Thema beschäftigt, gibt es dabei kein Falsch, sondern nur ein Richtig. Damit hat das Kind die Möglichkeit, das Material auf seine ganz individuelle Weise zu erforschen und dabei alle ihm möglichen Lernwege selbst zu finden und so oft, wie es nötig erscheint, zu wiederholen.

Materialien als Lernbasis

Die Materialien stellen die Lernbasis dar, die vom Kind weiterentwickelt wird. Gerade in der Lernwerkstatt für Kinder unter drei Jahren gibt es viele Dinge, Materialien und Vorgänge, die ein Kind zum ersten Mal erlebt. Deshalb sind auch schon kleinere oder kurze Handlungen oft voller Lerninhalte.

Freie Themenwahl

Die Kinder können frei wählen, mit welchem Thema sie sich gerade beschäftigen möchten. Seinen Lernweg findet das Kind dabei selbst. Dem Kind soll somit ermöglicht werden, sich das Thema, das es interessiert, nach momentanem Entwicklungsstand und ohne (Ab-)Lenkung von außen zu erarbeiten.

Beim Spiel mit Prisma-Bausteinen können die Kinder selbstständig mathematisch-naturwissenschaftlichen Gegebenheiten auf den Grund gehen

Eigenes Lerntempo

Für seine Lernprozesse bekommt das Kind die Zeit, die es dafür benötigt. Da es kaum Erklärungen von außen gibt, kann das Kind sein individuelles Lerntempo ganz alleine finden und Lernprozesse so oft wie nötig wiederholen.

Ungestört tätig sein

Die Kinder können in der Lernwerkstatt ungestört und in Ruhe tätig sein. Sie können sich mit einem Thema alleine oder auch zu mehreren befassen. Grundsätzlich darf jedes Kind in einem Lernbereich tätig sein, solange es möchte. Aufgrund des Alters kann die Erzieherin ein Kind jedoch zu Anfang gezielt motivieren, in einem Lernbereich zu bleiben, wenn es z. B. nur zwischen den Lernbereichen hin- und herwechselt, ohne sich wirklich mit einem Thema zu befassen.

Passende Reflexion und Dokumentation

Jeder Besuch in der Lernwerkstatt wird alters- und entwicklungsabhängig reflektiert und dokumentiert. Die Erzieherin dokumentiert das von ihr beobachtete Verhalten und den Umgang des Kindes mit dem jeweiligen Material. Nach dem Lernwerkstattbesuch spricht sie noch einmal mit den Kindern über das Erlebte. Sollte der Spracherwerb der Kinder noch nicht soweit fortgeschritten sein, dass sie sich selbstständig ausdrücken können, reflektiert die Erzieherin in ein bis zwei Sätzen für das Kind, was sie beobachtet hat.

Die Rolle der Erzieherin in der Lernwerkstatt

Die Erzieherin nimmt innerhalb der Lernwerkstatt eine ganz besondere Rolle ein. Anders als beim angeleiteten Angebot, bei dem sie den Kindern vorab das Angebot oder die pädagogische Absicht, Vorgehensweise und eventuellen Regeln erklärt und weitere Lernwege aufzeigt, überlässt sie es hier den Kindern, wie sie sich mit einem Material oder Thema befassen wollen. Die Erzieherin ist während der Lernwerkstatt-Zeit lediglich als Beobachterin tätig und greift möglichst nicht in die Tätigkeit der Kinder ein. Die Kinder erkunden ihr Material selbst bzw. forschen in ihrem Lernbereich in ihrem ganz individuellen Lerntempo, aber vor allem auch entsprechend ihrem momentanen Interesse.

Die Kinder können sich in der Lernwerkstatt mit einem Thema alleine oder auch zu mehreren befassen

Häufig merken Erzieherinnen selbst gar nicht, wie oft sie gerade jüngeren Kindern Dinge erklären, ihnen helfen möchten oder Dinge nur „weil es dann schneller geht" gleich selbst erledigen. Da aber kurzes Eingreifen oder Erklären oftmals auch ganz unbewusst stattfindet, stellt, das selbstbestimmte Handeln des Kindes zuzulassen, die Erzieherin innerhalb der Lernwerkstatt meist vor die größte Herausforderung.

Um für die Kinder, aber auch für sich die Beobachterrolle klar auszudrücken, sollte die Erzieherin deshalb eher im Hintergrund bleiben, also zum Beispiel etwas abseits auf einem Stuhl sitzen. Aufgrund des Alters ist es allerdings wichtig, dass die Erzieherin zum Beispiel eingreift, wenn die Kinder sich um ein Material streiten und den Konflikt nicht selber lösen können oder wenn etwas herunterfällt oder Materialien auf dem Boden liegen und diese eine mögliche Gefahr für die Kinder darstellen.

> Die Erzieherin achtet darauf, dass die Materialien dem Alter und Entwicklungsstand der Kinder entsprechen und die Kinder keine kleinen Teile verschlucken oder sich anderweitig verletzen können, etwa durch kleine Perlen und Steinchen, an einem Zirkel oder Ähnlichem.

Gerade jüngere Kinder beziehen häufig auch die Erzieherinnen verstärkt in ihr Handeln bzw. Spiel mit ein. Natürlich kann auch hier die Erzieherin kurz auf Fragen antworten oder auf ein angebotenes Rollenspiel reagieren, dabei sollte sie das Kind aber dennoch schnell wieder dazu auffordern, sich den momentanen Lernbereich selbstständig zu erobern. Trotz aller Selbstständigkeit kann es, anders als bei Kindern ab drei Jahren, auch nötig sein, einen ersten Schritt zu erklären oder dem Kind zu helfen, zum Beispiel Material aufzusammeln, das heruntergefallen ist.

Praxistipp: Eine gute Methode, sich der Häufigkeit erklärender Handlungen im Alltag oder auch im pädagogischen Angebot bewusst zu werden, ist es, sich im Alltag filmen oder von einer Kollegin gezielt beobachten zu lassen und anschließend das gesehene Verhalten gemeinsam zu reflektieren. Dies schult die Selbst- und Fremdbeobachtung.

Exemplarischer Ablauf einer Lernwerkstatt-Zeit

Die Erzieherin Sabine hat im Vorfeld mit ihren Kolleginnen besprochen, dass sie mit einigen Kindern die Lernwerkstatt nutzen möchte, um sicherzustellen, dass der Raum nicht durch andere Aktivitäten an diesem Tag belegt ist. (Sollte die Lernwerkstatt in einem Gruppenraum integriert sein, sorgt die Erzieherin dafür, dass dieser Bereich möglichst für die darin arbeitenden Kinder störungsfrei ist und bleibt.)

Sabine sorgt dafür, dass der Raum bereits im Vorfeld gut gelüftet ist. Sie hat zudem die Lernbereiche und Materialien bereits vorher für die Kinder vorbereitet. Das bedeutet nicht nur, dass die Kinder ständig vorhandene Materialien in der Lernwerkstatt vorfinden wie etwa Magnete oder Sanduhren, sondern dass ihnen ggf. auch Gegenstände und Materialien zur Verfügung stehen, die sie aktuell interessieren oder zu denen sie einen aktuellen Bezug haben. Die Kinder bemalen beispielsweise zu Weihnachten Christbaumkugeln. Hierbei stellen sie fest, dass die Christbaumkugel rund ist. Die Erzieherin baut daraufhin für die Kinder eine mathematische Lernwerkstatt zum Thema „Verschiedene Formen und mathematische Körper" auf.

Im Morgenkreis fragt Sabine die Kinder, wer gerne mit ihr die Lernwerkstatt besuchen möchte. Dieses Mal sind es Felippa (2,5 Jahre), Johanna (3 Jahre), Anna (19 Monate), Sebastian (2 Jahre) und Nino (17 Monate). Sabine erklärt den Kindern vor der Lernwerkstatt-Zeit noch einmal die wichtigsten Regeln und dass sie sie nun in der Lernwerkstatt beobachten möchte. Sie setzt sich anschließend etwas abseits des Geschehens auf einen Stuhl und dokumentiert ihre Beobachtungen.

Die Kinder dürfen nun die einzelnen Lernbereiche erforschen. Hierfür bekommen sie zunächst einmal die Zeit, die sie dafür benötigen. Solange die Kinder in der Lernwerkstatt sind, greift Sabine so wenig wie möglich in das Geschehen ein. Sie überlässt den Kindern selbst die Entscheidung, mit welchem Lernfeld sie sich beschäftigen bzw. mit welchem Material sie arbeiten möchten.

Um für eine noch angenehmere Atmosphäre zu sorgen, lässt Sabine im Hintergrund leise klassische Musik laufen. Als Sebastian nach einiger Zeit die Lust am Forschen verliert und offensichtlich lieber zu seinem Freund in den Garten möchte, bittet Sabine ihn, vorher noch seinen Lernbereich „Farben und Formen" aufzuräumen, und informiert kurz über das Telefon eine Kollegin, dass sie ihn nach draußen schickt. Als Linda (2,5 Jahre), die im angrenzenden Zimmer spielt, dies mitbekommt, möchte sie unbedingt in die Lernwerkstatt. Dies ist durch das offene Konzept der Kita kein Problem. Sabine informiert kurz die zuständige Erzieherin und Linda tauscht mit Sebastian den Platz in der Lernwerkstatt.

Als es Zeit für das Mittagessen wird, hat Felippa ihre Arbeit noch nicht beendet und möchte noch in der Lernwerkstatt bleiben. Sabine verspricht ihr daraufhin, alles so liegen zu lassen, wie es ist, und nachmittags noch einmal die Lernwerkstatt zu öffnen, damit sie später weiterarbeiten kann. Für die anderen Kolleginnen hinterlässt sie in Felippas Beisein diesbezüglich eine kleine Notiz. So läuft sie nicht Gefahr, dass eine Kollegin die Lernwerkstatt aufräumt, und zeigt zu dem Felippa gegenüber noch einmal eine besondere Wertschätzung. Felippa kann so die Lernwerkstatt zufrieden verlassen.

Selbstbestimmtes Lernen zuzulassen und zurückhaltende Beobachtung zu üben, heißt für die Erzieherin in der Lernwerkstatt U3 vor allem, nicht alles genau zu erklären und damit Lernwege vorzugeben, aber trotzdem für das Kind da zu sein und ihm in seinem Handeln Sicherheit zu geben.

Beispiel, Lernfeld „Sortieren":

Hannes (2,5 Jahre) liebt es, verschiedene Materialien zu sortieren. In einem angeleiteten Angebot zum Lernfeld „Sortieren", könnte die Erzieherin Hannes nun fragen, welche Materialien er in diesem Korb findet, und ihm zeigen, dass er in jedes Körbchen ein Material separieren kann. In der Lernwerkstatt dagegen erarbeitet sich Hannes das Lernfeld „Sortieren" selbst. Nun kann es sein, dass er die Materialien tatsächlich sortiert oder auch „nur" von einem Korb in einen anderen schüttet. Die Erzieherin greift in diesem Fall nicht ein, weil das Ziel hier nicht das genaue Sortieren ist, sondern der Weg, den Hannes für sich im Umgang mit dem Material findet. Für ihn kann hier also das Umsortieren in kleinere Körbchen, das Sortieren nach den Farben der Körbchen oder einfach nur das Umschütten des Materials, ohne etwas daneben fallen zu lassen, im Vordergrund stehen.

Das Kind bestimmt allein den (Lern-)Weg im Umgang mit dem Material

Praxistipp: Um zu vermeiden, dass begonnene Tätigkeiten nicht von einem Kind beendet werden können oder Materialien aus Unwissenheit von anderen Erzieherinnen aufgeräumt werden, ist es hilfreich, allen Kolleginnen entweder im Vorfeld, z.B. durch Führen eines Angebotsplans oder auch nur durch eine einfache Notiz in der Lernwerkstatt, mitzuteilen, wer in der Lernwerkstatt wann tätig ist bzw. war.

Zur allgemeinen Orientierung und auch Ordnung ist es gerade in größeren Teams hilfreich, Verantwortlichkeiten festzulegen. So wäre die Verantwortliche für die Lernwerkstatt zum einen für die Ordnung und die Materialbestände in der Lernwerkstatt, zum andern für die Organisation der Nutzungszeiten verantwortlich.

Zusammenfassung der Lernwerkstatt-Prinzipien:

- Die Lernwerkstatt bzw. der Forscherraum stellt den Kindern gezielt Materialien zur Verfügung, die das Wissen der Kinder erweitern.
- Die Materialien müssen den Kindern nicht erklärt bzw. eingeführt werden, die Kinder erarbeiten sie sich selbst.
- Die Materialien stellen die Lernbasis dar, die vom Kind weiterentwickelt wird.
- Die Kinder können frei wählen, mit welchem Thema sie sich gerade beschäftigen möchten.
- Dafür bekommt das Kind die Zeit, die es dafür benötigt.
- Die Kinder können in der Lernwerkstatt ungestört und in Ruhe tätig sein.
- Jeder Besuch in der Lernwerkstatt wird alters- und entwicklungsabhängig reflektiert und dokumentiert.

Die Erzieherin nimmt innerhalb der Lernwerkstatt eine ganz besondere Rolle ein. Sie bereitet die Materialien lediglich vor und hält sich weitestgehend im Hintergrund.

Wenn man sich mit dem Sinn oder Ziel von Lernwerkstätten für Kinder unter drei Jahren befasst, sollte man sich vor allem die Räumlichkeiten und die damit verbundenen Anforderungen einer Kinderkrippe ansehen. Kinder von null bis drei Jahren sind kleiner, sie haben andere körperliche Voraussetzungen, andere Bedürfnisse, andere Interessen als Kindergartenkinder. Dementsprechend muss auch der Raum für sie an diesen Voraussetzungen und am Entwicklungsstand gemessen werden und adäquat beschaffen sein.

Dem Raum für Kinder unter drei Jahren kommt deshalb eine so große Bedeutung zu, weil der Entwicklungssprung, den ein Kind im Alter zwischen neun Wochen und drei Jahren macht, sehr groß ist. Der Raum in der Kita muss sowohl Geborgenheit für Säuglinge bieten als auch ein spannendes und herausforderndes Betätigungsfeld für Dreijährige.

Die Ausstattung von Räumen für Kinder unter drei Jahren bedeutet nicht einfach nur kleinere Möbel und vereinfachtes Spielmaterial im Vergleich zu der Einrichtung eines Kindergartens. Der Raum, in dem sich Kleinstkinder bewegen, sollte vielmehr dem Erkundungs- und Forschungsdrang, der Experimentierfreude sowie der natürlichen Lust, sich zu bewegen, Rechnung tragen. Van der Beek fasst dies mit folgenden Worten zusammen: „Der Kindergarten ist keine Schule für kleine Kinder und die Krippe ist kein Kindergarten für noch kleinere Kinder" (2010: 27).

Feste Lernwerkstatt in einem eigenen Raum

Verfügt die Kita über genügend Platz, bietet es sich an, den Kindern einen eigenen Raum zum Lernen und Forschen zur Verfügung zu stellen. Der größte Vorteil liegt darin, dass in einem eigenen Raum ruhiges und damit zwangsläufig konzentriertes Arbeiten und Lernen am ehesten möglich sind. Falls nötig, ermöglicht das Schließen der Tür eine klare Trennung vom restlichen Kita-Betrieb.

Der Kita-Raum muss ein dem Entwicklungsstand angemessenes Betätigungsfeld bieten

Meistens ist in einem eigenen Raum auch mehr Platz, um sich dort mit den verschiedensten Materialien zu befassen, und sie können auch einmal für die Weiterarbeit zu einem späteren Zeitpunkt liegenbleiben, z. B. wenn den Kindern aufgrund äußerer Umstände wie die Mittagessens- oder Abholzeit die Zeit zum Erforschen ihres Materials nicht ausreicht. Nicht zuletzt ist es der Erzieherin leichter möglich, den separaten Raum vor der Benutzung entsprechend vorzubereiten, etwa durch Lüften, eine passende Beleuchtung und Materialauswahl.

Von der Raumgröße ist es auch abhängig, ob die Lernwerkstatt nur eine Lernstation oder mehrere Lernfelder beinhaltet. Wichtig ist immer, dass die Materialien übersichtlich angeordnet sind und das Kind ausreichend die Möglichkeit hat, sich damit zu beschäftigen. Sollte die Lernwerkstatt mehrere Lernfelder beinhalten, sollten diese, gerade um Kinder unter drei Jahren nicht zu überfordern, sorgfältig ausgewählt und dem Alter bzw. dem Entwicklungsstand angepasst sein.

Beispiel:

In der Kita „Beerenkinder" sind die Materialien von verschiedenen Lernfeldern auf Tabletts angeordnet. So können diese leicht entfernt oder hinzugefügt werden. Die Lernwerkstatt findet am Montag in der Kita nur für die Kinder von 15 bis 25 Monaten statt. Die Erzieherin tauscht zu diesem Zweck die Kiste mit den kleinen Perlen (Gefahr des Verschluckens!) gegen das Tablett mit den verschiedenen Cremedosen und Tuben aus.

Mobile Lernwerkstatt

In vielen Kinderkrippen gibt es aufgrund beengter Räumlichkeiten kaum Platz für mehrere feste Lernwerkstätten, geschweige denn einen eigenen Raum dafür. In diesen Fällen bietet sich die Einrichtung von mobilen Lernwerkstätten an.

Die Lernwerkstatt auf einem Tee- oder Küchenwagen

Hier wird ein handelsüblicher Tee- oder Küchenwagen zu einer komplexen Lernwerkstatt umgestaltet. Auf solche Wagen passen in der Regel viele Materialien, zudem können diese je nach Interessengebiet und Angebot jederzeit mit wenigen Handgriffen verändert werden. Solche mobile Lernwerkstätten haben den Vorteil, dass sie an den Platz in der Einrichtung gefahren werden können, an dem sie gerade zum Einsatz kommen sollen, sei es in einem Gruppenraum oder im Außengelände der Kita.

Lernwerkstatt-Boxen

Noch weniger Platz benötigen Boxen oder Kartons, in denen die Materialien für die Lernwerkstatt aufbewahrt werden. Sie müssen dann nur von der Erzieherin vorher auf Tischen aufgebaut werden. Die Boxen können je nach Lerngebiet sortiert sein. Für die Lernwerkstatt „Wasser" verfügt die Kinderkrippe beispielsweise über eine große Wanne aus Plastik mit verschiedenen Materialien, mit deren

Mobile Lernwerkstatt für Kinder ab 3 Monaten

Mobile Lernwerkstatt für Kinder ab 18 Monaten

Hilfe sich die Kinder das Element Wasser erschließen können.

Lernwerkstätten bzw. Funktionsräume in offenen Konzepten

Jede Kindertageseinrichtung, egal für welches Alter sie konzipiert wurde, sollte ein besonderes Augenmerk auf die Raumgestaltung legen. Der Anspruch an Räume für Kinder ist hoch und vielfältig, denn diese müssen viele Aufgaben erfüllen, beispielsweise als Bewegungs-, Forscher-, Kreativ- und Entspannungsraum. Der Gruppenraum muss Kindern die Möglichkeit geben, untereinander in soziale Beziehungen zu treten, zu interagieren und vor allem zu kommunizieren. Er muss einerseits die Fantasie der Kinder anregen und darf andererseits nicht zu überladen sein.

Früher musste ein einziger Gruppenraum all diese Anforderungen erfüllen. So wurden an den gleichen Tischen gemalt, gebastelt und auch gegessen. Die Kuschelecke war häufig die einzige Rückzugsmöglichkeit und die Bauecke vermischte sich nicht selten mit den Materialien aus dem Rollenspiel-Bereich. Platz für Bewegung oder auch fantasievolles, selbstbestimmtes Spiel blieb damit selten und die Kita verfügte über mehrere Maltische, mehrere Bau- oder Rollenspielecken.

Mit der Auflösung der herkömmlichen Gruppenstrukturen und der damit verbundenen Einführung sogenannter Funktionsräume, wird den Kindern nicht mehr nur ein Raum zum Spielen und Erkunden geboten, sondern das Angebot auf die ganze Kita erweitert. Der ehemalige (Gruppen-)Raum soll den Kindern nicht mehr alle unterschiedlichen Spielmöglichkeiten bieten. Ausstattung und Mobiliar konzentrieren sich nun überwiegend auf ein zentrales Thema und so stehen den Kindern z. B. ein Atelier, ein Bau- und Konstruktionsraum oder ein Entspannungszimmer zur Verfügung. Ziel dieses offenen Arbeitens ist „eine kindzentrierte Pädagogik (sowie) die Orientierung an den entwicklungs- und altersspezifischen Bedürfnissen der Kinder und ihren individuellen Fähigkeiten" (van der Beek/Buck/Rufenach 2010: 12).

Im offenen Konzept überwiegt in jedem Raum ein zentrales Thema; so wird der ehemalige Gruppenraum durch seine Ausstattung zu einem Funktionsraum

Damit die Öffnung nach innen gut gelingt, müssen auch die Erzieherinnen dazu bereit sein: Offen zu arbeiten, heißt auch immer, sich selbst zu öffnen sowie die eigene Rolle und das eigene pädagogische Handeln fortlaufend zu hinterfragen. Erzieherinnen müssen sich für alle Kinder der Einrichtung und deren Eltern verantwortlich fühlen und sich aber auch auf alle Kolleginnen der Einrichtung gleichermaßen einlassen. Die Öffnung nach innen ist häufig ein länger dauernder Prozess und für Erzieherinnen, gerade wenn sie Jahre und Jahrzehnte in einer geschlossenen Einrichtung gearbeitet haben, mit vielen Unsicherheiten und sogar Ängsten verbunden. Dies ist auch der Grund, warum eine „von oben" aufgezwungene Öffnung, etwa durch die Leiterin oder den Träger der Einrichtung, in den seltensten Fällen funktioniert.

Die Rolle der Erzieherin in einer offenen Einrichtung kann völlig unterschiedlich aussehen. Entweder spezialisieren sie sich überwiegend auf einen Funktions- bzw. Lernbereich oder sie wechseln sich in regelmäßigen Rhythmen in den Bereichen ab. Beide Formen haben ihre Vor- und Nachteile. Eine Erzieherin, die nicht gerne malt, kann den Kindern in der Regel diesbezügliche Lerninhalte und vor allem Freude und Spaß am Gestalten nicht so gut vermitteln wie eine Kollegin, die besonders gerne kreativ tätig ist. In Funktionsräumen haben Erzieherinnen also umso mehr die Möglichkeit, auch entsprechend den eigenen Begabungen und Neigungen tätig zu sein. Die in der Regel damit verbundenen Fähigkeiten und höhere Motivation kommen letztlich den Kindern zugute. Erzieherinnen, welche die Funktionsräume in regelmäßigen Abständen wechseln, entwickeln weniger schnell eine sogenannte „Betriebsblindheit" und bleiben offen für Neues.

Welche Form der Öffnung die richtige ist, muss jede Einrichtung für sich herausfinden. Wichtig ist nur, dass alle Teammitglieder in den Entscheidungs- und Umgestaltungsprozess miteinbezogen werden. Im Zweifelsfall ist es sinnvoll, diesen Prozess professionell durch einen Experten oder durch Supervision begleiten zu lassen.

Eine Öffnung nach innen kann unterschiedlich aussehen:

- Es gibt Kitas, die keine Gruppenstrukturen mehr haben. Die Kinder werden von einer Bezugsperson eingewöhnt und können sich (je nach Eingewöhnung) in allen Räumen der Kita aufhalten. Die Kinder entscheiden hier, wann sie in welchem Raum mit welchem Kind spielen möchten. Gegessen wird meist zusammen in sogenannten Bistros oder Kinderrestaurants.
- Eine Öffnung mit Gruppenstrukturen bedeutet, dass die Kinder zwar noch ihre Stammgruppen haben, diese aber zu gewissen Zeiten für alle Kinder geöffnet werden. Die Kinder können also ebenfalls alle Räumlichkeiten der Kita nutzen. Die Öffnung der Gruppenräume kann hier von nur einzelnen Tagen in der Woche bis hin zu mehreren Stunden täglich variieren. Der Unterschied zur Öffnung ohne Gruppenstruktur liegt darin, dass feste Zeiten oder auch Angebote wic das gemeinsame Essen noch im Gruppenverband stattfinden.

Der Vorteil der Öffnung liegt darin, dass jedes Kind eigenständig entscheiden kann, in welchem Raum, mit welchem Spielzeug und mit welchem Spielpartner es spielen möchte. Der Grundgedanke der offenen Gruppenarbeit liegt im Partizipationsverständnis dem Kind gegenüber, d. h. dass ein Kind vom Erwachsenen in seiner Persönlichkeit wahrgenommen wird. Das natürliche Neugierverhalten, der Forschungsdrang und das Erlernen von Selbstständigkeit wird durch die Öffnung der Kita von Anfang an unterstützt. Dadurch, dass die Räume in einzelne Bereiche aufgeteilt sind, muss nicht ein Raum alle Anforderungen bzw. Spielbereiche des Kindes abdecken. Die Kinder haben zudem nicht täglich die gleiche Auswahl an Spielen; ihnen stehen in der Einrichtung mehrere Spielmöglichkeiten und Gelegenheiten offen. Dies bedeutet automatisch auch mehr Platz für freie Spielflächen in den Gruppenräumen.

Natürlich können Kinder auch in Gruppenräumen forschen und sicher findet sich bereits in jeder Kita die eine oder andere kleinere oder größere Lernwerkstatt wieder, auch wenn diese so nicht explizit genannt wird. Egal ob Gruppen- oder Funktionsraum, Räume sind für die Kinder, die sich darin aufhalten, immer auch Lernräume, in denen sie eine Vielzahl von (Lern-)Erfahrungen sammeln.

Grundsätzlich sollte es aber, egal ob Gruppen- oder Funktionsraum, immer nur eine Lernwerkstatt pro Funktionsraum geben und diese sollte gut als solche zu erkennen sein. So kann die Lernwerkstatt bzw. die Forscherecke leicht durch Raumteiler, einen Teppich oder Ähnliches innerhalb des Raumes gekennzeichnet sein. An diesem Ort sollte trotz der Integration im Gruppenraum ein ungestörtes Arbeiten möglich sein. In einer viergruppigen Einrichtung können so ohne größeren Aufwand zum Beispiel eine Bau- und Konstruktionswerkstatt, eine Musikwerkstatt, eine Kreativitätswerkstatt und eine Lesewerkstatt entstehen.

Eine „Mini"-Lernwerkstatt „Musik" findet überall in der Kita einen Platz

Beispiel „Mini"-Lernwerkstatt:

Lernwerkstätten bzw. Forscherräume können unterschiedlich groß sein und im Prinzip überall in der Kita einen Platz finden. So haben die Erzieherinnen der Kita „Zaubergarten" in ihrer Einrichtung eine einst weitgehend ungenutzte Ecke im erweiterten Eingangsbereich genutzt, um dort einen kleinen Tisch aufzustellen. Die Kinder finden auf diesem Materialien vor, an und mit denen sie forschen und lernen bzw. spielen können. Die Materialien werden von den Erzieherinnen entweder aufgrund der momentanen Interessen der Kinder ausgewählt oder auch an das aktuelle pädagogische Thema/Projekt der Kinderkrippe angepasst und regelmäßig verändert und/oder erweitert.

Keine Lernwerkstatt gleicht der anderen. Die Lernwerkstätten müssen sich entwickeln. Sie sind abhängig von äußeren Rahmen- und Raumbedingungen, den Interessen und Bedürfnissen der Kinder, aber auch der Motivation und des Engagements des Personals.

Zusammenfassung:

- Kinder benötigen Räume, in denen sie sich bewegen, spielen, entdecken, erkunden und sich wohlfühlen können.
- Lernwerkstätten bzw. Forscherräume können unterschiedlich groß sein und im Prinzip überall in der Kita einen Platz finden.
- Die Kita sollte vor allem für Säuglinge sowohl Sicherheitsbasis als auch Erkundungsstätte sein.
- Lernwerkstätten können gut in die Projektarbeit integriert werden oder entwickeln sich indirekt aus einem Projekt heraus. Sie dienen den Kindern so als weiterer Lernbereich.
- Ob separate Lernwerkstatt bzw. Forscherraum oder Forscherecke im Gruppenraum, im Garten, mobil oder fest hängt von den Räumlichkeiten, dem Wissen und der Motivation des Kita-Personals sowie den Interessen der Kinder ab.

II | Lernwerkstätten in der Praxis

In der Lernwerkstatt finden die Kinder eine vorbereitete Umgebung, in der sie selbst entscheiden können, auf welchem Weg sie das eine oder andere Thema erforschen, sich damit auseinandersetzen bzw. es für sich erschließen. Welche Materialien die Erzieherin dafür auswählt, hängt von verschiedenen Faktoren ab.

Die Materialien in einer Lernwerkstatt müssen dem Entwicklungsstand und vor allem dem Lerntempo der Kinder angepasst sein. Sie müssen für die Kinder interessant sein, sie motivieren, sich damit zu befassen, und sie immer wieder aufs Neue zum Staunen bringen. Das angebotene Material muss ihnen zudem die Möglichkeit geben, vorangegangene Handlungen zu wiederholen und eigene Lern- und Lösungswege zu finden, ohne auf das Eingreifen eines Erwachsenen angewiesen zu sein. Zudem muss es den Kindern die Möglichkeit geben, auf ihr bisheriges Wissen und auf Erkenntnisse zurückzugreifen und darauf aufzubauen.

Materialien für und in der Lernwerkstatt sollten auch nur in dieser genutzt werden. Bausteine sollten also aus der Konstruktionswerkstatt nicht in ein anderes Gruppenzimmer zum Spielen „ausgeliehen" werden. Gefäße aus der Wasserwerkstatt gehören nicht zum Spielen in den Sandkasten. Eine feste Beibehaltung der Materialien und damit vorgesehenen Plätze geben den Kindern Struktur und Sicherheit und tragen nebenbei zur besseren Ordnung bei.

Anders als bei Kindern, die sich bereits differenzierter äußern können, was genau sie an einem bestimmten Material bzw. in einem Lernbereich besonders interessiert, bleibt dies bei Kindern unter drei Jahren schon bereits aufgrund der sich erst entwickelnden Sprache zum größten Teil Interpretation. Die bedeutet nicht, dass die Kinder deshalb nicht lernen!

Beispiel:

Kanu (2,8 Jahre) beschäftigt sich in der Lernwerkstatt mit den Sanduhren. Er dreht erst eine Uhr um, beobachtet den Sand, der durchläuft, und dreht dann eine weitere um. Er lässt den Sand durch beide Uhren vollständig durchlaufen, nimmt anschließend beide Sanduhren hoch und dreht sie gleichzeitig um. In der anschließenden Reflexion mit der Erzieherin antwortet er auf deren Frage, was ihn an den Sanduhren interessiert hätte, ob diese, wenn man sie umdrehe, gleich schnell seien.

Auch Marie (17 Monate) beschäftigt sich in der Kita mit den dortigen Sanduhren. Auch sie dreht sie um und lässt den Sand durch die Uhren laufen. Da sich Marie allerdings verbal noch nicht umfassend genug ausdrücken kann, bleibt hier das, was Marie an den Sanduhren besonders interessiert hat, Spekulation. Die anschließende Reflexion sieht deshalb hier anders aus: Die Erzieherin fasst ihre Beobachtungen für Marie noch einmal zusammen: „Liebe Marie, heute hast du dich lange mit den Sanduhren beschäftigt. Du hast die verschiedenen Uhren nacheinander oder auch zwei beinahe gleichzeitig umgedreht und dabei beobachtet, wie der Sand durch die Uhren lief. Manchmal hast du dabei abgewartet, bis der Sand ganz durchgelaufen war, manchmal hast du die Uhr auch schon vorher wieder umgedreht."

Aus dem Verständnis heraus, dass für die Kinder, vor allem im Alter von null bis drei Jahren, erst einmal all ihr Handeln lernen bedeutet, ist eine genaue Beurteilung des Prozesses zunächst auch nicht wichtig. Es geht vielmehr darum, dem Kind gezielt die Möglichkeit zu geben, Material kennenzulernen, sich damit alleine oder auch in einer Gruppe zu befassen und für sich zu erforschen sowie eigene Ideen zum Umgang damit zu entwickeln. Im Bayrischen Bildungs- und Erziehungsplan beschreiben die Autoren dieses Lernverhalten von Kleinstkindern folgendermaßen: „Kinder lernen nachhaltig, was sie interessiert und emotional bewegt. Aber es sind nie die reinen Fakten, die Kinder interessieren sondern der Kontext, Geschichten und Zusammenhänge um sie herum. (...) Wenn sie in vorschulischen Lernprozessen spielerisch mit z. B. mathematischen oder naturwissenschaftlichen Inhalten experimentieren können, dann ermöglicht ihnen dies später einen kreativen Umgang mit diesem Wissen" (Bayrisches Staatsministerium für Arbeit und Sozialordnung, Familie und Frauen; Staatsministerium für Frühpädagogik München 2007: 29).

Ein Krippenkind lernt, anders als ein Kindergartenkind, in der Holzwerkstatt das Material Holz vielleicht zum ersten Mal kennen und erlebt, wie sich Holz anfühlt und wie unterschiedlich es aussehen kann. Ein Kindergartenkind hat in der Regel diese Lernerfahrung bereits gemacht und entwickelt seinen Lernprozess weiter.

Auch wenn die Lernwerkstatt vordergründig nur ein bestimmtes Lernfeld umfasst, sind die Lernaspekte vielfältig und umfassend

Auch wenn die Lernwerkstatt vordergründig nur ein bestimmtes Lernfeld umfasst, sind die Lernaspekte vielfältig und umfassend. So können mehrere Lernbereiche ineinander übergehen oder aufeinander aufbauen. Eine langfristige Speicherung und feste Verankerung des Wissens gelingt dabei besser, „je mehr unterschiedliche Formen der Darbietung des Lernstoffes angeboten werden (und) je mehr Kanäle der Wahrnehmung genutzt werden können" (Zimmer 2011: 31).

Mathematisch-naturwissenschaftlicher Lernbereich

Von der Schuhschachtel bis hin zur runden Form einer Seifenblase – bereits der Alltag der Kinder steckt voller Mathematik. Der bayrische Bildungs- und Erziehungsplan für Kinder in Kindertageseinrichtungen bis zur Einschulung stellt die Bedeutung des mathematischen Denkens für eine gelingende Alltagsbewältigung heraus: „Ohne mathematisches Grundverständnis ist ein Zurechtkommen im Alltag nicht möglich. Mathematisches Denken ist Basis für lebenslanges Lernen sowie Grundlage für Erkenntnisse in fast jeder Wissenschaft, der Technik und der Wirtschaft" (Bayrisches Staatsministerium für Arbeit und Sozialordnung, Familie und Frauen; Staatsministerium für Frühpädagogik München 2007: 251).

Je früher sich die Kinder mit mathematischen Gesetzmäßigkeiten und Gegebenheiten befassen, umso leichter wird ihnen mathematisches Lernen auch im späteren Leben fallen. Kinder haben von sich aus ein großes Interesse an Farben, Formen, Ordnung und Zahlen. Es ist Aufgabe des Erwachsenen, den Kindern die Möglichkeit zu geben, dieses Interesse ohne Vorbehalte auszubauen und weiterzuentwickeln. Ein Kind, das früh mathematische Vorgänge und Materialien mit Lust und Freude entdecken und erforschen kann, hat gute Voraussetzungen, diese positive Lernerfahrung später auch mit weiteren Lernerfahrungen zu verknüpfen, davon zu profitieren und damit auch unbefangener und leichter mathematische Inhalte zu erlernen bzw. zu verstehen.

Krippenkinder können im mathematischen Lernbereich beispielsweise mit Hilfe unterschiedlicher Materialien Mengen, Gewichte, Massen und Zugehörigkeiten erforschen sowie sich Zusammenhänge erschließen.

Zuordnen, Sortieren, Wiegen, Messen, Zählen

Gerade das Zuordnen und Sortieren von Materialien ist der erste Schritt in der mathematischen Mengenlehre. Der Lernbereich beinhaltet unter anderem geometrische Formen und Zugehörigkeiten, erstes Zählen, Gesetzmäßigkeiten und Gegensätze wie leicht und schwer, voll und leer oder Nähe und Entfernung.

Geeignete Materialien sind z. B.:

- *Zuordnen und Sortieren:* Steine, Perlen, Muggelsteine oder Muscheln sowie verschieden große Körbe oder Boxen
- *Formen:* Prisma-Bausteine, mathematische Körper wie Kugeln, Zylinder, Quader, Legeplättchen, Formensteckspiele, Konstruktionsbausteine und Steckbretter
- *Maße und Gewicht:* eine Waage mit unterschiedlichen Gewichten, ein Flaschenzug oder auch unterschiedlich schwere Sandsäckchen, Behälter, die mit Wasser gefüllt werden können, sowie Meterstab, Maßband und Lineal.

Auch wenn Kinder unter drei Jahren noch keine Werte und Zahlen ablesen können, können sie damit experimentieren oder Gesehenes nachahmen.

Bauen und Konstruieren

Unterschiedliches Baumaterial gibt den Kindern die Möglichkeit, verschiedene Konstruktionen auszuprobieren, Umbauten in Betracht zu ziehen, Stabilitäten zu testen sowie Dimensionen und Räumlichkeiten zu erfassen.

Geeignete Materialien sind z. B.:

- Vorgefertigte Holzbausteine
- Vorgefertigtes didaktisches Material wie Montessori-Materialien oder Fröbelbaukasten
- Bretter
- Steine
- Naturhölzer und Naturmaterialien
- Plastikbausteine
- Steckspiele.

Schon mit einfachen Steckspielen für die Allerjüngsten, mit Bausteinen, selbst mit einem einfachen Sandförmchen lassen sich geometrische Figuren entdecken. Es ist die Aufgabe des Erwachsenen, für das Kind den mathematischen Bezug herzustellen.

Physikalische und chemische Grunderfahrungen

Die Kinder setzen sich in der Physikwerkstatt mit ersten physikalischen Gesetzen wie Schwerkraft, Dimension, Zeit oder Licht auseinander. Auch das Thema „Volumen" ist für Kinder immer wieder interessant. Gerade in der Wasserwerkstatt lässt sich dieses Thema für Kinder besonders gut anbieten. Die Kinder gehen überdies den Eigenschaften des Wassers auf den Grund.

Thema „Zeit"

Geeignete Materialien sind z. B.:

- Verschiedene Sanduhren
- Uhren, Wecker
- Eieruhren.

Sanduhren eignen sich gut, um Erfahrungen mit dem Thema „Zeit" zu sammeln

Thema „Licht"

Geeignete Materialien sind z. B.:

- Verschieden starke Taschenlampen
- Reflektoren
- Spiegelkugel
- Lichtspiele (drehbare Motivlampe)
- Leuchtsterne
- Kerzen (nur unter besonderer Aufsicht)
- Schwarzlicht
- Lichtwassersäulen.

Für die Lernwerkstatt Licht sollte der Raum, in der sie sich befindet, abgedunkelt werden können.

Der Lernbereich „Magnetismus" ist bereits für sehr kleine Kinder interessant

Thema „Volumen"

Wie viel Sand passt in eine Kuchenform oder wie viele Perlen in ein kleines Stoffsäckchen? Mit Hilfe verschieden großer Behälter in unterschiedlichen Formen und verschiedenem Füllmaterial können die Kinder Volumina und Größen erforschen. **Wichtig:** Die Behälter sollten durchsichtig sein, damit die unterschiedlichen Mengen besser erfasst werden können.

Thema „Magnetismus"

Fast jeder kann sich erinnern, wie er bei der ersten Holzeisenbahn festgestellt hat, dass man die Wagons an einem silbernen Knopf aneinanderhängen kann oder dass sich die Wagons daran abstoßen. Im Lernbereich „Magnetismus" können die Kinder erste Erkenntnisse mit Hilfe unterschiedlicher Magnete erlangen.

Geeignete Materialien sind z. B.:

- Hufeisenmagnete, Stabmagnete, Kugelmagnete, Magnetblättchen
- Magnetbilder, Magnettafeln, Stoffmagnete.

Thema „Wasser"

Die meisten Kinder lieben Wasser. Sie lieben es zu baden, zu pritscheln, sich einzuseifen. Leider ist dies im elterlichen Haushalt meist nur in der Badewanne möglich. Und dort dürfen die Kinder in der Regel höchstens mit vorgefertigten Wasserspielzeugen spielen, am besten möglichst ohne Wasser zu verschütten oder zu spritzen. Selbst am Badesee oder im Schwimmbad sind Kindern häufig Grenzen gesetzt, etwa durch die Tiefe des Wassers, andere Schwimmer oder durch Kälte usw., und damit die Möglichkeiten eingeschränkt, das Element Wasser zu erleben. In einer Wasserwerkstatt können die Kinder, ob im Bad oder im Außengelände, das Element Wasser auf unterschiedliche Weise erforschen und ausprobieren, ohne dass sie ständig ermahnt oder in ihrem Handeln sehr eingeschränkt werden (zum Thema „Wasser" siehe auch das Lernfeld „Schnee" im Lernbereich „Natur und Garten").

Geeignete Materialien sind z. B.:

- Verschiedene Behälter zum Schütten, Umfüllen, Wasser Abmessen
- Wassermühlen
- Löffel zum Rühren („Wasserstrudel"), Schwämme, Rührbesen, Thermometer
- Plastikenten, Papierschiffchen, Holzstückchen, um die Oberflächenspannung des Wassers zu erforschen, d. h. auszuprobieren, was schwimmt und was nicht
- Luftpumpe, um zu sehen, was passiert, wenn das Wasser von Luft bewegt wird (Wellen)
- Malwasserfarbe, Farbtabletten zum Färben des Wassers.

Auch im Winter müssen die Kinder nicht auf ihre Wasserwerkstatt verzichten: Die Erzieherin baut sie im Waschraum der Kinderkrippe auf. Im Vorfeld achtet sie darauf, dass der Raum gut beheizt wurde, damit die Kinder nicht im Laufe der Zeit zu frieren beginnen. Die Erzieherin befüllt beispielsweise zwei große Wannen mit warmem Wasser. Zur Unterstützung hat sie ein Babythermometer und achtet darauf, dass das Wasser eine Temperatur von 37 Grad hat. Um diese Temperatur ungefähr beizubehalten, schüttet sie gegebenenfalls Wasser nach.

Wichtig: Vor Beginn erklärt die Erzieherin den Kindern kurz die Wasserwerkstatt-Regeln:

- Es wird kein Wasser durch den Waschraum gespritzt und nicht in die Wanne(n) gesprungen.
- Es wird im Waschraum nicht gelaufen.

- Es wird anderen Kindern nichts weggenommen.
- Es werden keine Waschlappen, Schwämme, Eimer bzw. Gefäße in das Wasser oder durch den Raum geworfen.

Beispiel „Wasserwerkstatt im Winter":

Die Kinder dürfen sich bis auf die Windel ausziehen. Die Erzieherin hat verschiedene Gefäße zum Schütten, Schwämme, kleine Luftballons, Holzscheiben, kleine Steine, Badeenten und Malfarben vorbereitet. Die Kinder entscheiden nun selbstständig, welchen Gegenstand sie im Wasser benutzen möchten. Die Erzieherin greift nur in das Geschehen ein, wenn die Kinder sich nicht an die vorher vereinbarten Regeln halten.

Henning (3,10 Jahre) nimmt sich Steine und Holz. Dabei gehen die Steine unter, die kleinen Holzscheiben schwimmen auf dem Wasser. Er drückt die Scheiben unter Wasser und beobachtet, wie diese wieder hochkommen. Er holt sich weitere Gegenstände, um auszuprobieren, welche schwimmen und welche nicht. Henning geht der physikalischen Frage nach, welche Gegenstände von der Wasseroberfläche getragen werden und welche nicht.

Luisa (2 Jahre) seift sich mit den Malfarben ein, sie lässt dabei die rote Farbe zwischen ihre Hände gleiten und bemalt sich am ganzen Körper, später nimmt sie die blaue Farbe dazu. Sie stellt fest, dass ihr Bauch dadurch „ganz lila" wird. Sie sammelt Erkenntnisse im Bereich der Farbenlehre.

Hannah (16 Monate) schüttet mit verschieden großen Gefäßen Wasser um und aus. Mal passt das Wasser von einem Gefäß ins andere, mal ist noch Platz für weiteres Wasser, mal läuft das Wasser bei einem kleineren Gefäß über. Sie erforscht das Element Wasser und befasst sich mit dem Volumen der verschiedenen Körper.

Mit einer gezielten Materialauswahl kann die Erzieherin die Lernerfahrung innerhalb der Lernwerkstatt zentralisieren

Anders als z. B. während eines angeleiteten Angebots zum Thema „Malfarben im Wasser", indem die Erzieherin den Kindern ganz bewusst zwei verschiedene Farben gibt, damit sich diese mischen, kann Luisa im Beispiel völlig selbstständig entscheiden, mit welchen Materialien bzw. Farben sie sich befassen möchte.

Die Erzieherin kann bei der Vorbereitung der Wasserwerkstatt auch eine einge-schränkte Materialauswahl anbieten, zum Beispiel nur Schüttgefäße oder (All-tags-)Gegenstände, um so die Lernerfahrung innerhalb der Lernwerkstatt zu zen-tralisieren. Dies bietet sich vor allem bei jüngeren Kindern an, um z.B. einer Reizüberflutung vorzubeugen.

Lernfeld „Biologie"

Wie sieht mein Körper aus? Wie viele Zähne habe ich? Warum haben Spinnen sechs Beine und Menschen nur zwei? Fragen, die Kinder auch schon im Krippenalter interessieren. Im Lernbereich Biologie haben die Kin-der die Möglichkeit, all diesen Fragen auf den Grund zu gehen.

Geeignete Materialien sind z.B.:

Dinge und Vorgänge in und aus der Natur zu beobachten und zu erforschen, ist ein wichtiges Lernfeld

- Mikroskope
- Verschiedene Lupen, Becherlupen
- Kaleidoskope
- Fernrohre
- Landkarten
- Modelle zur Veranschaulichung des menschlichen Körpers
- Verschiedene Sande
- Verschiedene Steinarten
- Gewächshaus (leicht zum selbst bauen)
- Reagenzgläser.

Lernbereich „Natur und Garten"

Kinder spielen immer häufiger überwiegend im häuslichen Bereich mit bereits vorgefertigtem Plastikspielzeug. Sie kommen kaum noch an die frische Luft. Grünflächen werden vor allem in der Stadt immer weniger. Öffentliche Spielplät-ze sind oft fantasielos errichtet, mit Hundekot verdreckt und durch Jugendliche und Erwachsene vermüllt oder zerstört. Sie bieten den Kindern daher mehr Ge-fahrenquellen anstatt ein ansprechender, herausfordernder Bewegungsraum zu sein. Richtige Natur- und Entdeckungsräume gibt es für Stadtkinder fast gar nicht mehr. Der immer kleiner werdende Bewegungsradius lässt auch die Erfahrungs-räume für Kinder schrumpfen.

Naturerfahrungen bieten die besten Voraussetzungen für einen sensorischen Input und für ganzheitliche Prozesse. Damit sind nicht nur Sinneswahrnehmungen wie Sehen, Riechen, Schmecken und Fühlen gemeint, sondern auch der Bewegungs- und Gleichgewichtssinn. Im besten Fall wird das gesamte Außengelände der Kinderkrippe als eine einzige Lernwerkstatt gesehen. Kinder sollten im Außengelände genügend Möglichkeiten haben,

- ihre Umwelt mit ihren vielen naturwissenschaftlichen Phänomenen zu entdecken,
- Orte der Ruhe und Erholung zu finden, in denen sie sich zurückziehen können,
- sich Verstecke suchen und Orte finden zu können, an denen sie sich unbeobachtet fühlen,
- mit anderen Kindern in Interaktion treten zu können,
- sich mit anderen Kindern messen zu können,
- Herausforderungen zu finden und diese zu meistern,
- Dinge und Vorgänge in der Natur zu erforschen, zu experimentieren und zu spielen, ohne stets angehalten zu sein, ruhig zu bleiben und
- Spaß und Freude zu haben, ungezwungen herumtoben zu können und dreckig werden zu dürfen.

Naturerfahrungen sind nicht nur bei schönem Wetter interessant: Viele „Erwachsene, die Kinder an nassen und kalten Tagen gerne im Haus haben, suchen lieber angestrengt nach guten Ideen und Programmen, um die Kinder bei Laune zu halten, anstatt ihnen die Gelegenheit zu geben, gerade auch ‚Schmuddelwetter'-Erfahrungen sammeln zu können. Kinder sollten die sinnlichen Eindrücke von Regen und Schneefall, Graupelschauern und Windböen ebenso aufnehmen können wie Sonnenlicht und Sonnenwärme. Auch das hat unmittelbar mit Lernprozessen zu tun: Ein Kind muss es selbst erfahren, wie es sich anfühlt, wenn man richtig friert, um zu lernen, wann warme Kleidung wichtig ist, dass man sich durch Bewegung warm hält, dass es auch im Freien Plätze gibt, die einen gewissen Schutz vor Kälte bieten usw." (Österreicher/Prokop 2006: 53). Auf diese Weise erweitern Kinder nicht nur ihr Wissen. Vielmehr entwickelt sich durch den bewussten Umgang mit der Natur schon früh auch ein ökologisches Gewissen bei Kindern.

Lernfeld „Pflanzen"

Pflanzen aufzuziehen und zu pflegen, umfasst eine Vielzahl grundlegender Erfahrungen und Lerninhalte. Die Kinder lernen, Verantwortung für ihr Handeln zu übernehmen, und machen elementare Erfahrungen von Entstehung und Vergänglichkeit. Wenn die Kinder die Beete im Außengelände selbstständig bepflanzen und pflegen, lernen sie dabei die verschiedenen Pflanzen-, Gemüse- und Kräuterarten kennen.

Geeignete Materialien sind z. B.:

- Erde
- Dünger (nur im Beisein von Erwachsenen)
- Saatgut
- Gießkannen
- Schaufeln, Hacken, kleine Rechen.

Praxistipp: Zur Veranschaulichung der Pflanzenpflege hilft das Gestalten eines Pflanzenplakates. Hier können mithilfe von Fotos Verantwortlichkeiten wie das Pflanzen, Gießen oder Säubern festgelegt werden. Die Bilder zeigen den Kindern, welche Aufgaben sie haben bzw. für welches Beet oder welche Pflanze sie die Verantwortung übernommen haben.

Lernfeld „Schnee"

Schnee bietet eine Menge Möglichkeiten zum Forschen. Mögliche Fragen, die sich aus dem Umgang mit Schnee ergeben, sind:

- Wie fühlt sich Schnee an?
- Was passiert, wenn der Schnee warm wird, wenn wir ihn von draußen mit ins Zimmer nehmen oder mit einem Föhn erhitzen?
- Was passiert, wenn wir ihn in der Tiefkühltruhe oder im Kühlschrank kalt stellen?
- Was passiert, wenn Schnee mit einer Flüssigkeit in Verbindung kommt? Gibt es Unterschiede bei der Verwendung sehr kalter oder warmer Flüssigkeit?
- Wie kann man Schnee formen?

Farben-Party im Schnee

Es hat geschneit, die Kinder gehen in den Garten. Hier hat die Erzieherin den Kindern auf einem Tisch unterschiedliche Fingerfarben und Materialien bereitgestellt. Die Kinder können damit nun den Schnee bemalen. Hierbei finden sie heraus, welche Farben auf dem Schnee am besten zu sehen sind, ob sich die Farben wie auf Papier auch auf Schnee gut mischen, verspritzen oder pusten lassen.

Geeignete Materialien sind z. B.:

- Verschiedene Farben; soll der Lerninhalt verstärkt auf Farbenlehre gelegt werden, dann nur die vier Grundfarben
- Pinsel
- Siebe und Zahnbürsten (Sieb-Technik)
- Große Strohhalme (Puste-Technik)
- Tücher, Schwämme (Wisch-Technik)
- Glitzer, Konfetti, farbiger Sand.

Lernfeld „Stein"

Steine haben eine ganz besondere Wirkung auf Kinder. Es gibt sie in so vielen verschiedenen Formen und Farben. Steine fühlen sich unterschiedlich an, sind kalt oder können auch, wenn sie im Garten in der Sonne lagen, sehr warm werden. Sie können weich sein („Handschmeichler") oder auch rau und kantig. Steine können zu einem Bild oder Muster gelegt werden, man kann damit bauen (Mauern, Steinhäuschen) oder sie bemalen.

Geeignete Materialien sind z. B.:

- Verschiedene Steine wie Rundsteine (Flussstein), Kieselsteine, Strandsteine, Bruchstein
- Farben, Pinsel
- Schaufeln, kleine Rechen
- Lehm (zum Mauern).

Lernbereich „Lebenspraxis"

Gerade Kinder unter drei Jahren lernen ihr Umfeld und die damit verbundenen Vorgänge und Gegebenheiten gerade erst kennen. Für sie ist alles, was sie den ganzen Tag erleben, ein einziges großes Forschungsfeld. Aus diesem Grund ist das Lernfeld „Lebenspraxis" für Krippenkinder mit das bedeutendste und interessanteste und darf in keiner Lernwerkstatt fehlen. Hier finden die Kinder überwiegend Alltagsgegenstände, die sie kennenlernen und/oder bereits aus einem anderen Zugsamenhang kennen und in der Lernwerkstatt selbstständig erforschen können.

Geeignete Materialien sind z. B.:

- Folien, Schachteln, Kisten, Kartons
- Schlüssel, Schlösser, Schlüsselkästen, Fahrradschloss, Klingel, Hupe
- Altes Autolenkrad (z. B. mit einer Halterung an einer Wand befestigt)
- Luftpumpe, Blasebalg, Schläuche
- Wolle, Webrahmen, Filzstücke
- Plastikflaschen,
- Bürsten, Kamm,
- Töpfe, Pfannen, Kochlöffel, Rührbesen, Teesieb, Spaghettizange
- Pfeifenputzer
- Muscheln.

Gerade für Kinder unter drei Jahren sind Alltagsgegenstände ein großes Forschungsfeld

Besonders beliebte Materialien bei Kindern von ein bis zwei Jahren:

- Tuben, Deckel, Dosen mit Klapp- oder Schraubverschlüssen
- Schwämme, Bürsten, Topfreiniger aus Plastik, Flaschenreiniger
- gereinigte Korken
- Socken, Tücher, Lappen.

Geeignete Materialien für Kinder ab zwei Jahren:

- Schnürsenkel, Schnürbrettchen
- Knöpfe, Knopfbrett
- Styropor(-flocken), Knallfolie (Verpackungsmaterial), Watte
- Linsen, Bohnen
- Murmeln, Perlen, Anhänger.

Lernbereich „Musik"

Kinder sind von Natur aus musikalisch. In der Musikwerkstatt können die Kinder das Lernfeld „Musik" erforschen. Sie haben freien Zugang zu den Instrumenten, damit sie sie ausprobieren und hören können. In der zusätzlichen Hörecke haben die Kinder die Möglichkeit, in Ruhe, frei von störenden Hintergrundgeräuschen, Klänge zu erleben, verschiedene Musikstile, Komponisten, aber auch (Alltags-) Geräusche kennenzulernen oder (wieder-)zuerkennen. Da die Kinder in der Regel vor einem Abspielgerät sitzen, bietet es sich an, die Hörecke für die Kinder mit Kissen oder einer Kuschelecke angenehm und entspannend zu gestalten.

Geeignete Materialien sind z. B.:

- CD-Audioplayer mit mehreren Ausgängen für Kopfhörer, damit auch mehrere Kinder gleichzeitig hören können
- Kopfhörer für eine beiderseitig ungestörte (Lern-)Umgebung
- CDs mit verschiedenen Musikstielen von Klassik bis Pop
- CD mit Alltagsgeräuschen.

Malen nach Musik

Die Kinder hören das Musikstück „Der Herbst" des Komponisten Antonio Vivaldi und malen dabei mit Buntstiften ein Bild. Hierbei sind sie in der Gestaltung und Farbwahl völlig frei. Die Kinder können dabei Gefühle, welche die Musik in ihnen erweckt, malerisch ausdrücken.

Klassik meets Rock

Die Erzieherin baut in der Hörecke für die Kinder drei CD-Player auf. In einem lässt sie ein klassisches Stück, im anderen ein eher rockiges Stück und im dritten einen Popsong oder Schlager laufen. Die Kinder können nun eigenständig entscheiden, welches Stück sie hören wollen. Hierbei beobachtet die Erzieherin das Verhalten der Kinder, ob das jeweilige Kind nur an einem Musikstück interessiert ist, ob es alle drei hört, ob es tanzt oder vielleicht „nur" zuhört usw. Hinterher spricht die Erzieherin mit den Kindern über ihr Erlebnis mit der Musik. Dabei stellen die Kinder beispielsweise Unterschiede in Lautstärke, Klang und Rhythmus fest.

Lernbereich „Medien"

Kinder wachsen heute in einer vielfältig medialisierten Welt auf. War die Benutzung von Computern in der Schule vor einigen Jahren nur punktuell erlaubt und zum Teil sogar verboten, wird sie heute gefördert und in vielen Bereichen sogar gefordert. In der Berufswelt gehört das Wissen über verschiedene Benutzeroberflächen und Anwendungen zur selbstverständlichen Voraussetzung.

Aufgrund dieser Tatsache und vor allem, um einen angemessenen und natürlichen Umgang damit zu erlernen und eventuellem Suchtverhalten wie übermäßiges Fernsehen oder Computerspielen vorzubeugen, sollten Kinder schon früh die Möglichkeit haben, sich mit technischen Abläufen auseinanderzusetzen. Es ist also mehr denn je auch eine Aufgabe der Kita, den Kindern den richtigen Umgang, aber auch Zugang zu den verschiedenen Medien zu ermöglichen, mit dem Ziel, ihnen eine gute Medienkompetenz zu vermitteln.

In einer Kinderkrippe bedeutet dies, dass Kinder die Möglichkeit haben, Fotoapparate, Telefone oder auch Tablets und Computer kennenzulernen. Diese müssen nicht funktionieren. Für Kinder ist schon das Erforschen der verschiedenen Knöpfe oder Schalter von Wichtigkeit. Mit zunehmendem Alter steigt auch das kindliche Interesse an der Funktion. Zudem benutzen Kitas heute mehr und mehr Fotoapparate und auch Videokameras zur Dokumentation ihrer pädagogischen Arbeit. Gefilmt oder fotografiert zu werden, gehört für die Kinder so zu ihrem normalen Kita-Alltag. Für ältere Kinder ist es deshalb schon gut möglich, ihnen auch einen funktionierenden Computer (ohne Internetzugang!), Funkgeräte, ein Babyphone oder auch einen Fotoapparat zum Erforschen im Lernbereich anzubieten. Der genaue Einsatz sollte allerdings im Vorfeld mit den Eltern und innerhalb des Teams gut besprochen werden.

Das Kinderbüro

Im Kinderbüro finden Kinder alles wieder, was sie von zu Hause, vom Schreibtisch der Erzieherin oder auch aus dem Büro der Einrichtungsleiterin kennen. Hier können Kinder am Computer arbeiten, mit Stiften und Papier schreiben, schneiden, stempeln, ablegen, einsortieren, telefonieren, mit dem Taschenrechner „rechnen" usw. Im Kinderbüro ahmen Kinder beobachtetes Verhalten der Erwachsenen oder älteren Kinder innerhalb von Rollenspielen nach, erforschen verschiedene Gegenstände und entwickeln Erfahrungen weiter.

Im Kinderbüro erfassen die Kinder beim Rollenspiel die Welt der Erwachsenen

Beispiel:

Nina (3,5 Jahre) und Lilly (3,3 Jahre) sitzen im Kinderbüro und arbeiten. Lilly rechnet am Taschenrechner, Nina am Computer. Nina greift neben sich ein Blatt Papier. Auf der Rückseite des Papiers befindet sich die Kopie einer alten Anwesenheitsliste der Kinder. Es entwickelt sich folgender Dialog:

Nina: „Oh, wir müssen noch schauen, wer heute alles da ist, das brauchen wir, um das Essensgeld auszurechnen." „Oh ja", antwortet Lilly, „das ist wichtig!" „Ist Lotte heute da?", fragt Nina. Lilly dreht sich um, schaut im Zimmer herum und antwortet: „Ja." Nina macht einen Strich auf ihrer „Anwesenheitsliste" und fragt weitere Kinder ab, ob sie da sind. Bei Paul angekommen sagt Lilly: „Nein, Paul ist heute nicht gekommen." Nina fragt nach: „Ist er krank?" „Ja", antwortet Lilly, „er hat Fieber und Husten!" Nina macht keinen Strich auf ihrer Liste. Auch Moritz ist nicht da. Wieder fragt Nina nach, ob er krank sei. „Nein", antwortet Lilly, „er ist im Urlaub." Als die Mädchen alle Kinder genannt haben, sagt Nina zu Lilly: „So, wir sind fertig. Jetzt kannst du Essen bestellen. Am liebsten Pommes!" Lilly „tippt" daraufhin die ihr genannten Kinderzahlen in den Computer.

In der Beispielsituation spielen die Kinder ein ihnen bekanntes tägliches Ritual nach, das sie jede Woche bei den Erzieherinnen ihrer Gruppe beobachten können. Sie versetzen sich damit in deren Situation hinein und erfassen die Welt der Erwachsenen. Sie lernen, sie aus einem anderen Blickwinkel zu sehen. Im Rollenspiel treten die Kinder untereinander in Interaktion. Somit fördert das Rollenspiel nicht nur soziale und emotionale Kompetenzen, sondern auch die sprachliche Entwicklung.

Geeignete Materialien sind z. B.:

- Computer, Taschenrechner, Schreibmaschine
- Papier, Schreibblock, Stifte, Lineal, Geodreieck
- Tesafilm, Stempel, Ablage, Ordner, Locher
- Magnet-Pinnwand
- Telefonbücher, (Spielwaren-)Kataloge.

Praxistipp: Das Kinderbüro kann gut auch im Leiterinnenbüro einen Platz finden. Die Kinder haben so einen ganz direkten Bezug und das Leiterinnenbüro wird mit einfachen Mitteln in den pädagogischen Alltag der Kinder miteinbezogen.

Lernbereich „Kreativität"

Der Unterschied zwischen einem angeleiteten kreativen Angebot und dem Arbeiten in der Lernwerkstatt liegt wieder in der Selbstbestimmtheit des Kindes. Die Erzieherin gibt auch hier kein bestimmtes Thema vor („Heute malen wir Kugelbilder oder basteln mit Naturmaterialien"), sondern lässt die Kinder selbst entscheiden, welche Materialien sie benutzen möchten. Einzig die Lernwerkstatt-Regeln für das Atelier bzw. das Lernfeld „Kunst" sind vorher, im besten Fall gemeinsam mit den Kindern, festgelegt und besprochen worden.

Den Kindern stehen die Materialien idealerweise in Kinderhöhe zur Verfügung, sodass diese sich selbstständig nehmen können. Da die Kinder noch nicht lesen können, helfen auf die Schubladen geklebte Fotos zu erkennen, welches Material sich in welcher Schublade befindet.

Sollten im Umgang mit bestimmten Materialien Gefahrenquellen lauern, werden diese im Vorfeld gut mit den Kindern besprochen und auch noch einmal auf Verständnis hinterfragt, wie z. B. das richtige Verhalten an einer Werkbank oder der Umgang mit Werkzeugen wie Säge oder Hammer.

Tonen in der Lernwerkstatt

Ton ist ein Naturprodukt und damit ungiftig und deshalb auch für Kinder unter drei Jahren gut geeignet. Mit Ton zu arbeiten, bedeutet aber auch, sich schmutzig zu machen. Dies ist auch der Grund, warum gerade ältere Kinder häufig das Arbeiten mit Ton scheuen. Je jünger, umso unbefangener gehen Kinder mit dem Material um.

Die Kinder haben im Atelier freien Zugang zu Materialien und entscheiden selbstständig, was sie davon benutzen möchten

Praxistipp: Häufig schreckt der vermeintliche Schmutz, der im Umgang mit Ton entsteht, auch die Erzieherinnen ab, schon sehr junge Kinder mit Ton experimentieren zu lassen. Deshalb sollte für das Tonen ein Raum oder eine Ecke – wenn wettertechnisch möglich, eignet sich am Besten ein Areal im Außengelände – in der Einrichtung gefunden werden, wo es schmutzig werden darf und wo ein Waschbecken in der Nähe ist. Die Kinder sollten alte Kleidung und Schürzen tragen, die gegebenenfalls in der Einrichtung gewaschen werden können. Besonders geeignet sind Maleroveralls.

Kinder kneten für ihr Leben gern. Und kaum ein anderes Material lässt sich auf so vielfältige Weise erforschen und bearbeiten. Bereits das weiche Material in den Fingern zu spüren, zu formen, zu ziehen und dadurch zu verändern, löst häufig eine große Faszination bei Kindern aus. Sie können das Material platt drücken, kugeln, rollen, schlagen, mit den Finger hineindrücken oder Figuren formen. Ton lässt sich auch mit Hilfsmitteln bearbeiten und seine Struktur mit der Zugabe von viel Wasser, wobei der Ton bis zur Unbrauchbarkeit weich wird, oder durch Brennen im Ofen verändern.

Geeignete Materialien sind z. B.:

- Verschiedene Tonsorten
- Wasser
- Kleine Brettchen, Messer, Löffel, Gabeln, Ausstechformen
- Ausroller, Walzen.

Wichtig: Damit Ton hält, muss er in einem Tonbrennofen gebrannt werden. Ein handelsüblicher Backofen erreicht dafür nicht die nötige Temperatur. Manche

[handschriftliche Notiz: Fehlerselbstkontrolle – Sieb + Zahnbürste]

Töpferschulen oder Fachmärkte bieten an, Getöpfer[...] auch von außerhalb zu brennen.

Kreativwerkstatt

Der Unterschied zwischen einem herkömmlichen Malangebot und der Tätigkeit in einer Kreativwerkstatt liegt vor allem in der Selbstbestimmtheit der Kinder. Während im Malangebot die Erzieherin Thema, Material und Arbeitstechnik häufig vorgibt, haben die Kinder hier freien Zugang zu den in Schubladen (oder Boxen) sortierten Materialien. Sie entscheiden damit, wann sie, was und wie malen oder auch herstellen möchten. Im Anschluss an ihre Arbeit räumen die Kinder ihren Arbeitsplatz wieder auf.

Geeignete Materialien sind z. B.:

- Verschiedene Farben und Papiersorten
- Pinsel, Siebe, Zahnbürsten, Schwämme, Farbenroller
- Perlen, Glitzer, Kleister, Styroporflocken
- Naturmaterialien wie Holz, Kastanien, Zapfen, Steine
- Alltagsmaterialien wie Alufolie, Frischhaltefolie, Packfolie („Knallfolie").

Auch Werkzeuge wie Hammer, Säge, Schleifpapier und Feilen können in der Kinderkrippe unter Berücksichtigung des individuellen Entwicklungsstandes genutzt werden, wenn der Umgang damit vorher sorgsam von den Erzieherinnen eingeführt wurde und den Kindern alle Gefahrenquellen bekannt sind.

Die Erzieherin spricht mit den Kindern Atelier-Regeln ab, z. B.:

- Jedes Kind hat seinen eigenen Arbeitsplatz.

- Jedes Kind malt auf seinem eigenen Bild, es sei denn, ein Gemeinschaftsbild wird von allen Beteiligten gewünscht.

- Der Arbeitsplatz wird mit den Kindern vorher vorbereitet.

- Vor der Arbeit werden die dafür vorgesehenen Schürzen angezogen.
- Hat ein Kind seine Arbeitszeit beendet, sagt es der Erzieherin Bescheid und räumt seinen Arbeitsplatz wieder auf.

Lernbereich „Literacy und Sprache"

Bücher stehen in den Kinderkrippen häufig in einem Regal, das für die Kinder nicht erreichbar ist, und werden nur für gezielte Angebote oder auf Anfrage der Kinder von den Erzieherinnen herausgeholt. Zum selbstständigen Anschauen bleiben den Kindern oft nur schon stark benutzte oder bereits kaputte Bücher, bei denen so manche Seite oder auch schon der Einband fehlen.

Auch wenn dahinter die gute Absicht steckt, die „guten", für die meisten Einrichtungen teuer erworbenen Bücher, zu schützen, ist die Reglementierung des Zugangs den Kindern gegenüber, für die die Bücher ja gedacht sind, nicht sehr wertschätzend. Auch dem pädagogischen Auftrag der Erziehung zur Selbstständigkeit und Eigenständigkeit steht dies entgegen. Sinnvoller ist es, den Kindern von Anfang an den richtigen Umgang mit Büchern beizubringen. Eine gute Möglichkeit, diese Diskrepanz zwischen pädagogischer Haltung und pädagogischer Praxis aufzulösen, ist die Einrichtung einer Lesewerkstatt oder auch Kinderbibliothek. Dort können die Kinder auf Stühlen sitzen oder in einer Kuschelecke, auf einem Sitzsack oder Ähnlichem liegen und Bücher ansehen.

Der Bestand der Kinderbibliothek kann in folgende Themen unterteilt sein:

- Erste Fühl- und Bilderbücher für Kinder von null bis zwei Jahren
- Themen-Bilderbücher und Wissensbücher zu bestimmten Themen wie Feuerwehr, Baustelle, Reiten, Ballett, Geschwister oder Streit
- Wimmelbücher.

Praxistipp: Indem man Fotos der einzelnen Themenbereiche für die Kinder an die jeweiligen Regal-Abschnitte klebt oder einfach einen mit einem Bild beklebten Karton als Thementeiler zwischen die Bücher fügt, visualisiert man den Kindern, welches Buch sie wo finden und vor allem, an welcher Stelle sie es im Anschluss wieder einräumen müssen.

Die Kinderbibliothek lässt sich einfach zur umfassenden Sprach-Lernwerkstatt erweitern, indem man zusätzlich eine Schreibecke einrichtet oder Tische aufstellt, an denen die Kinder sich mit kommunikationsfördernden Spielen wie Memory oder Kartenspiele beschäftigen.

Geeignete Materialien für die Kinderbibliothek sind z. B.:

- Altersentsprechende Bilderbücher
- Tast- und Fühlbücher
- Zeitschriften
- Kataloge
- Aktionsbücher (Elektronik)
- Wimmelbücher
- Regale oder offene Schränke in Kinderhöhe, Stühle, Tische, Kissen, Kuschelecke.

Die Schreib- und Sprach-Lernwerkstatt lädt zum Spielen und Lernen ein

Geeignete Materialien Für die Schreib- und Sprach-Lernwerkstatt sind z. B.:

- Schreibtisch mit verschieden Stiften, Papier, Lineal, Spitzer, Radiergummi, Kohlepapier
- Verschiedene Sprachspiele, Kartenspiele wie schwarzer Peter
- CD-Player und CDs mit Liedern, Reimen und Fingerspielen in verschiedenen Sprachen
- Spiele rund um das Thema „Sprache und Sprachförderung".

Beispiel „Elternzimmer einmal anders":

Die Kinderkrippe verfügt über ein Elternzimmer mit einem Tisch, Stühlen und einem Sofa. Das Elternzimmer wurde zunächst für Elterngespräche und als Aufenthaltsraum für die Eltern während der Eingewöhnungszeit genutzt. Bei einer Umgestaltung in der Einrichtung stellten die Erzieherinnen fest, dass zum einen das Elternzimmer nach den Eingewöhnungszeiten überwiegend ungenutzt blieb und zum anderen die Eltern gerade in der kalten Jahreszeit oft die Garderoben nutzten, um noch miteinander zu reden und die Kinder spielen zu lassen. Die Garderobensituation war daher oft unübersichtlich und laut.

Das Personal der Kinderkrippe entschied sich daraufhin, gemeinsam mit den Eltern das bisherige Elternzimmer in eine Lese- und Schreibwerkstatt umzuwandeln, zu dem auch die Eltern nachmittags mit ihren Kindern Zugang haben. So wurde, auch mit Elternspenden, eine große Kinderbibliothek, eine Schreibecke und eine Kuschel- und Lese-Ecke eingerichtet. Zuletzt legten Eltern und Personal gemeinsam einige Regeln wie die Übertragung der Aufsichtspflicht, Öffnungszeit am Nachmittag, Umgang mit Büchern und Interieur fest. Das umgestaltete Zimmer wurde ein großer Erfolg. Die Erzieherinnen nutzten das Zimmer nun überwiegend vormittags als Lernwerkstatt, die Eltern nachmittags als Begegnungs- und Spielraum.

Arbeiten nach dem Offenen Konzept bedeutet nicht nur die Öffnung der Einrichtung im Inneren, sondern auch die Öffnung nach außen. Je größer die Transparenz und auch Mitgestaltungsmöglichkeiten für Eltern sind, je einfacher ist es für diese, Vertrauen zu entwickeln. Konflikte, begründet auf Unsicherheit oder Unwissenheit, können so gar nicht entstehen bzw. im Vorfeld bereits gelöst werden.

Im Zusammenhang mit Projektarbeit bedeutet „situationsorientiertes Arbeiten" in erster Linie die Auflösung der starren Jahres-, Monats- und Tagesplanungen und der vorgefertigten Rahmenpläne. Im situationsorientierten Ansatz spielen vor allem die Beobachtung momentaner Stimmungen und Themen einzelner Kinder oder der Gruppe sowie das daraus resultierende pädagogische Handeln eine zentrale Rolle. Das pädagogische Handeln wird nicht starr geplant, sondern ergibt sich vielmehr aus den Bedürfnissen der Kinder. So beobachten die pädagogischen Fachkräfte die Kinder fortwährend und gezielt in verschiedenen Situationen ihres Alltags. Ziel hierbei ist es, den Ist-Zustand, also die momentanen Vorlieben, die Interessen, den Entwicklungsstand und die Bedürfnisse jedes einzelnen Kindes und die daraus entstehende momentane Gruppendynamik zu ermitteln. Das sich aus diesen Beobachtungen ergebende Thema dient dann als Basis für Angebote aus den verschiedenen Bildungs- und Gesundheitsbereichen.

Natürlich kann ein Projekt von der Erzieherin geplant werden, ohne dass sich das Thema vorher allein durch die Beobachtung der Kinder ergeben hat. Die Erzieherin plant die Angebote zu einem von ihr festgelegten Thema. Hierbei muss sie aber darauf achten, vor allem zum Einstieg in das Projekt, Angebote zu wählen, die das Interesse der Kinder für das Thema besonders wecken. So kann z.B. das Projekt „Feuer" mit einem Besuch bei der Feuerwehr beginnen.

Nach der Beobachtung der Kinder über einen längeren Zeitraum und dem Festlegen eines Themas erfolgt das Erarbeiten von Angeboten. Hierbei findet meist die Vernetzung verschiedener Bildungs- und Gesundheitsbereiche statt. Die pädagogischen Fachkräfte beziehen die jeweiligen Rahmenbedingungen, die damit verbundenen Möglichkeiten, aber auch eventuelle Grenzen in ihre Planungen mit ein. Diese Grenzen oder Möglichkeiten können die Jahreszeit, Feste im Jahresverlauf, die Räumlichkeiten, die personelle Besetzung oder finanzielle Mittel sein.

Ein wichtiger Aspekt der Projektarbeit ist neben der Beobachtung auch die Dokumentation des gesamten pädagogischen Prozesses. Die Betreuerinnen dokumentieren sowohl vor als auch während des Projekts fortwährend die von ihnen gemachten Beobachtungen. Die Dokumentationen dienen ihnen als Grundlage für Gespräche mit Eltern, unterstützen den Austausch unter den teilnehmenden Kolleginnen und werden als Basis für das Erstellen von Aushängen und Projektmappen genutzt.

Die Projektarbeit zeichnet sich, im Gegensatz zu einzelnen Angeboten für Kindern, vor allem durch die Vernetzung vieler unterschiedlicher Bildungs- und Gesundheitsbereiche zu einem Schwerpunktthema aus und hilft so, die Basiskompetenzen der Kinder noch gezielter zu stärken. Projektarbeit in Kindertageseinrichtungen kann unterschiedlich aussehen: Sie kann nur ein paar Tage zu einem bestimmten Thema (z.B. „Von der Biene zum Honig") oder über das ganze Jahr (z.B. „Mit der Krippe um die Welt – ein interkulturelles Jahr") durchgeführt werden. Sie kann von einer Erzieherin, von Kleingruppen, aber auch von einem Gesamtteam durchgeführt werden.

Projektarbeit gehört heute in den meisten Kitas zum pädagogischen Alltag. Sie ist „eine Möglichkeit, Kinder aktiv am Lernprozess zu beteiligen. Projektthemen orientieren sich idealerweise an den Bedürfnissen der Lernenden, sind unerschöpflich und passen in jeden Bildungsplan, sind doch junge Menschen neugierig darauf, die Welt mit all ihren Geheimnissen zu erforschen und sie sich lernend anzueignen. Wer am Lernbedürfnis ansetzt, kann mit großer Motivation und Eigentätigkeit rechnen, identifizieren sich die Lernenden doch mit dem Thema" (Günther 2006: 5ff.).

Lernwerkstätten können gut in die Projektarbeit integriert werden oder entwickeln sich daraus. Es kann auch aus einem Thema in der Lernwerkstatt ein ganzes Projekt entstehen. Projekte sind „Entdeckungsreisen für kleine Alltagsforscher. Sie machen Spaß und ermöglichen es den Kindern, Neugier zu zeigen, Fragen zu entwickeln und ihr Umfeld zielgerichtet und authentisch näher kennenzulernen" (Pfeiffer 2012: 149). Bei solchen „Entdeckungsreisen" setzen sich die Kinder mit unterschiedlichen Natur- und Sozialräumen auseinander und „eignen (...) sich nicht nur Wissen an, sondern erweitern auch ihre sozialen und emotionalen Kompetenzen" (ebd.). Der große Unterschied zwischen Lernwerkstatt und Projektarbeit liegt darin, dass sich Kinder einem Thema nicht wie innerhalb eines Projekts in seiner Gesamtheit widmen, sondern sich nur einen Teil daraus selbstständig erarbeiten.

Projektarbeit „Apfel"

Lernbereich „Volumen und Gewichte"

Die Kinder haben auf einem Ausflug einen Apfelbaum entdeckt. Sie pflücken sich einige Äpfel und nehmen sie mit in die Kita. In den nächsten zwei Wochen arbeiten die Erzieherinnen daraufhin mehrere Angebote zum Thema „Apfel" für die Kinder aus.

Innerhalb des Projektes backt Erzieherin Katharina mit den älteren Kindern auch einen Apfelkuchen. Dafür sollen die Kinder einige Zutaten abwiegen. Obwohl sie die Zahlen noch nicht lesen können, stellen die Kinder fest, dass die Schüsseln, trotz der von der Erzieherin genannten gleichen Grammzahl, unterschiedliche Mengen der einzelnen Zutaten beinhalten. Als Max (3 Jahre) zudem eine ganze Tüte Mehl auf die kleine elektrische Waage stellt, zeigt diese gar keine Zahl mehr an, sondern lediglich einen Strich. Das Mehl ist zu schwer für die Waage.

Am nächsten Tag baut Katharina für die Kinder die Lernwerkstatt zum Thema „Gewichte und Volumen" auf. Die Kinder können sich daraufhin das Lernfeld, das sich aus dem ursprünglichen Projekt Apfel ergeben hat, erschließen.

Lernbereich „Formen und mathematische Körper"

Ein weiterer Bereich, der sich aus dem Projekt Apfel für die Bearbeitung innerhalb der Lernwerkstatt ergeben könnte, käme aus dem Bereich Mathematik. Die Kinder wissen, dass der Apfel rund ist. Aus dieser Feststellung innerhalb des Projekts können sich weitere Fragen ergeben wie zum Beispiel:

- Welche Gegenstände sind rund?
- Wie fühlen sich runde Gegenstände an?
- Wie bewegen sich runde Gegenstände?

Die Erzieherin baut den Kindern daraufhin eine Lernwerkstatt mit vielen unterschiedlichen runden Formen auf, z. B. eine Orange, ein kleines Rad, Bälle, Murmeln, eine runde Wanduhr und ein rundes Steckspiel. Die Lernwerkstatt hat sich hier indirekt aus dem Projektthema ergeben. Dies ist auch umgekehrt denkbar:

Projektarbeit „Berufe"

Eine Erzieherin hat für die Kinder eine Lernwerkstatt zum Lernbereich „Lebenspraxis" aufgebaut. Dort befinden sich unter anderem ein großes Modellgebiss, eine große Zahnbürste, ein Stethoskop, ein Knochenmodell und ein Blutdruckmesser. Die Kinder forschen selbstständig mit den bereitgestellten Materialien. In der anschließenden Reflexion erzählt Linus (2,7 Jahre), dass er das Stethoskop kennt, denn sein Vater ist Internist. Anne (3,5 Jahre) weiß genau, wie viele Zähne ein Milchzahngebiss hat, ihre Mutter ist Zahnärztin.

Nach und nach nennen immer mehr Kinder die Berufe ihrer Eltern. Den Impuls der Kinder aufgreifend plant Katharina daraufhin ein Projekt zum Thema „Berufe", bei dem sie unter anderem die Eltern der Kinder an ihrem Arbeitsplatz besuchen und sich Berufsfelder, die zum täglichen Alltag der Kinder gehören, genauer betrachten.

Projektwochen „Gesunde Ernährung"

Im Rahmen der Gesundheitsförderung bietet sich ein Projekt zum Thema „Gesunde Ernährung" an. Am Anfang steht hier die Analyse des Ist-Zustandes bzw. die aktuelle Situation in der Kita im Hinblick auf das Thema: Die Erzieherinnen stellen fest, dass die Kinder immer weniger Gemüse und Obst kennen und dieses auch ungern oder gar nicht essen wollen. Einige Kinder zeigen die Tendenz zu Übergewicht. Daraus ergeben sich folgende Fragen:

- Wie und auf welche Weise kann den Kindern ein größtmöglicher Zugang zu regionalen und saisonalen Produkten ermöglicht werden?
- Wie können Kindern die Folgen und Gefahren übermäßigen Zuckerverzehrs anschaulich und altersentsprechend vermittelt werden?
- Wie kann eine Lernwerkstatt zum Thema „Gesunder Ernährung" aussehen?
- Wie können die Eltern in die Projektarbeit mit einbezogen werden?

Die Erzieherinnen beobachten daraufhin die Kinder gezielt über einen längeren Zeitraum im Hinblick auf ihre Essgewohnheiten: Was essen die Kinder besonders gerne, was mögen sie weniger oder gar nicht? Und sie reflektieren das eigene Erzieherverhaltens: Wie gut kenne ich mich mit gesunder Ernährung aus? Wie sehen meine Essgewohnheiten privat aus, wie im Beisein der Kinder?

Daran anschließend folgt die Auswertung und Zusammenfassung der verschiedenen Beobachtungen der am Projekt teilnehmenden Erzieherinnen und das Festlegen der Projektziele:

- Die Kinder sollen auf vielfältige Weise gesunde, regionale und saisonale Produkte kennenlernen.
- Die Kinder sollen die Gefahren des Zuckers kennenlernen und einen angemessenen Umgang damit erlernen.
- Die Eltern sollen Teil des Projekts sein und ebenfalls von den Ergebnissen des Projekts profitieren.

Daraus können z. B. Angebote aus den verschiedenen Bildungsbereichen folgen wie:

- Besuch eines Bio-Bauern, einer Bäckerei, Metzgerei, eines Bioladens oder Reformhauses, (Zahn-)Arztes

- Verschiedene Kochprojekte für die jeweiligen Altersgruppen vom Herstellen einer Bananenmilch bis hin zum Kochen einer Gemüselasagne
- Aufbauen von Zuckerpyramiden zur Veranschaulichung, wie viel Zucker in bestimmten Lebensmitteln steckt
- Herstellen einer Collage „Was ist gesund und was ist ungesund?"
- Lebensmittelquiz ab etwa 2,5 Jahren. Eine Variante, die vor allem älteren Kindern besonders Spaß macht, ist das Erraten von Lebensmitteln: Die Erzieherin hat verschiedene Lebensmittel wie Gurke, saure Gurke, Vollkornbrot, Weißbrot, Brezel, Brötchen, Apfel, Orange, Birne, Mandarine, Kohlrabi, Salat, Karotte, Paprika, Zucchini mundgerecht zubereitet und auf einen Teller in eine Fühlbox gelegt. Die Kinder dürfen sich je ein Stück, wenn sie wollen auch mit geschlossenen Augen, herausnehmen, in den Mund stecken und dann erraten, um welches Lebensmittel es sich handelt.

Die nachfolgend dargestellten Lernwerkstätten zum Thema würden sich anbieten.

Lernwerkstatt „Obst und Gemüse" ab etwa 12 Monaten

Die Kinder haben in der Lernwerkstatt „Obst und Gemüse" die Möglichkeit, verschiedenste Obst- und Gemüsesorten zu fühlen, zu riechen, zu schmecken und zu schneiden. Die Erzieherin hat dafür verschiedene Obst und Gemüsesorten auf einem Tisch ausgebreitet. Je nach Alter können die Kinder diese nun selbst benennen oder sogar den Kategorien Obst und Gemüse zuordnen sowie Farbe und Form benennen. Dann waschen bzw. säubern die Kinder das Obst und Gemüse. Anschließend schneiden sie es in kleine Stücke. Hierbei muss natürlich wieder das Alter und der Entwicklungsstand der Kinder berücksichtigt werden sowie der richtige Umgang mit dem Messer im Vorfeld erklärt sein. Anschließend riechen und probieren die Kinder die verschiedenen Lebensmittel wie Banane, Apfel, Mandarine, Traube, Mango, Litschi oder Zucchini, Paprika, Karotte und Tomate.

In der Lernwerkstatt „Obst und Gemüse" können die Kinder verschiedenste Obst- und Gemüsesorten fühlen, riechen, schmecken und schneiden

Lernwerkstatt „Zähne und Zahnpflege"

Die Erzieherin bereitet in der Lernwerkstatt für die Kinder Materialien rund um das Lernfeld „Zähne" vor. Hier können die Kinder sich selbstständig mit dem Thema befassen:

Mögliche Materialien innerhalb des Lernfeldes können sein:

- Modellgebiss
- Bilder von Gebissen verschiedener Lebewesen
- Verschiedene Zahnbürsten
- Alter Zahnarztbohrer
- Mundspiegel
- Sanduhr
- Zahnputzbecher
- Bücher zum Thema „Zähne, Zahnpflege".

Dokumentation

Wichtig für eine gelungene Projektarbeit ist eine umfassende Dokumentation, z. B. durch:

- Erstellen eines bilderreichen Projektordners
- Erstellen eines Projektfilmes
- Lerngeschichten
- Aushänge.

Zusammenarbeit mit Eltern

Gerade im Bereich Ernährung ist die Zusammenarbeit mit Eltern besonders wichtig. Die Ernährung ist ein Grundbedürfnis des menschlichen Organismus und eine der wichtigsten Voraussetzungen für die gesunde Entwicklung des Kindes. Deshalb ist sie für Eltern, gerade in den ersten Lebensjahren ihres Kindes, ein zentrales Thema.

Die Zusammenarbeit mit Eltern innerhalb des Projektes „Gesunde Ernährung" könnte so aussehen:

- Die Kita bietet, auch mit Unterstützung einer Referentin, einen Elternabend zum Thema „Gesunde Ernährung" an.
- Sie richtet auch für Eltern eine temporäre Lernwerkstatt zum Thema ein, zum Beispiel im Rahmen eines Eltern-Kind-Projekttages.

■ Die Erzieherinnen nutzen Ressourcen innerhalb der Elternschaft: Eine Mutter, Ernährungsberaterin, referiert bei einem Elternabend über das Thema „Ernährung". Ein Vater, Zahnarzt, ermöglicht den Kindern ein Besuch in seiner Praxis und stellt der Kinderkrippe Materialien für die Lernwerkstatt zur Verfügung. Die Köchin oder die Erzieherinnen der Einrichtung bieten einen Eltern-Kind-Kochkurs an.

Projektwochen „Kindergarten"

Ungefähr in der Mitte ihres letzten Kinderkrippenjahres wird den Kindern häufig auch durch Eltern und Erzieherinnen bewusst, dass sie nun bald die Einrichtung verlassen und in den Kindergarten wechseln. Häufig werden sie nun „die Großen" genannt und sind darauf auch sehr stolz. Dennoch ist der Wechsel mit großen Veränderungen verbunden. Die Kinder sind in der neuen Gruppe nun plötzlich wieder „die Kleinen", die Einrichtungen und Gruppen sind meist viel größer und die Kinder müssen zwangsläufig viel selbstständiger werden. Umso wichtiger ist es, dass die Kinderkrippe den Kindern bereits im Vorfeld möglichst gute Übergänge ermöglicht. Dies kann auch im Rahmen eines eigenen Projektes geschehen.

Die Analyse des Ist-Zustandes, der aktuelle Situation ergibt, dass zehn Kinder der Einrichtung nach diesem Kinderkrippenjahr in den Kindergarten wechseln werden. Daraus ergeben sich folgende Fragen:

■ Wie und auf welche Weise können die Kinder altersentsprechend gefördert werden?
■ Wie kann der Übergang in den Kindergarten für die Kinder am besten gestaltet werden?
■ Wie kann eine Lernwerkstatt zum Thema „Übertritt in den Kindergarten" aussehen?
■ Wie können die weiterführenden Einrichtungen in das Projekt miteinbezogen werden?
■ Wie können die Eltern in die Projektarbeit mit einbezogen werden?

Gezielte Beobachtung der Kinder unter folgender Fragestellung:

■ Welches Kind kennt bereits einen Kindergarten, zum Beispiel durch große Geschwister?
■ Welches Kind hat über die Betreuung in der Kinderkrippe hinaus noch wenig Trennungserfahrungen?

Die Erzieherinnen werten ihre Beobachtungen aus und planen daraufhin das im Folgenden dargestellte Projekt. Sie wollen diese Projektziele damit erreichen:

- Intensive altersentsprechende Förderung innerhalb der Bildungsbereiche
- Die besondere Situation der Kinder innerhalb der Einrichtung hervorheben (Stolz der zukünftigen Kindergartenkinder)
- Gute Übergänge für die Kinder schaffen
- Kennenlernen und engere Zusammenarbeit der Kindergärten, in welche die Kinder wechseln, um den Kindern einen sanften Übergang zu ermöglichen.

Planung und Durchführung der einzelnen Angebote aus den verschiedenen Bildungsbereichen wie:

- Besuche der Einrichtungen, die die Kinder besuchen werden
- Einladen der zukünftigen Kindergruppe in die Kinderkrippe
- Eine einmal die Woche stattfindende Kindergartengruppe, nur für die wechselnden Kinder initiieren
- Bilderbuchbetrachtung zum Thema „Trennung, Neubeginn, Kindergarten"
- Besondere Abschiedsaktion für die scheidenden Kinder planen wie z. B. eine Kinderkrippenübernachtung oder einen besonderen Ausflug.

Die nachfolgend dargestellten Lernwerkstätten zum Thema würden sich anbieten.

Lernwerkstatt „Unser Körper"

Viele Kinder besuchen bis zum Wechsel in den Kindergarten die Kinderkrippe zwei Jahre oder länger. Gerade in dieser Zeit vollzieht sich ihre geistige, aber auch körperliche Entwicklung im Vergleich mit der weiteren Entwicklung wie im Zeitraffer. Zur Veranschaulichung, wie sich die Kinder körperlich verändert haben, baut die Erzieherin für die Kinder eine Lernwerkstatt rund um das Thema „Der menschliche Körper" auf.

Mögliche Materialien könnten sein:

- Mehrere Fotos der Kinder aus ihrer Kinderkrippenzeit
- Personenwaage
- Maßband, Meterstab, Fußlängenmessgerät
- Verschiedene Spiegel
- Kamm, Bürste
- Körpermodell
- Bilderbücher zum Thema „Mein Körper", „Wachstum".

Lernwerkstatt „Straßenverkehr"

Für die meisten Kinder ist mit dem Übertritt in den Kindergarten auch die Zeit im Kinderwagen vorbei. Auch Ausflüge finden im Kindergarten meist in größeren Gruppen statt. Die Kinder müssen somit lernen, sich im Straßenverkehr zurechtzufinden, und die hier lauernden Gefahren genau kennen. Die Erzieherin baut deshalb eine Lernwerkstatt zum Thema „Straßenverkehr" auf:

- Verkehrsteppich
- Verschiedene Spielzeugautos
- Verstellbare Spielampel
- Verkehrszeichen und Symbole
- CD mit Straßenverkehrsgeräuschen
- Schülerlotsenkelle
- Reflektoren.

Lernwerkstatt „Brotzeit"

Manchmal ändert sich für Kinder mit dem Eintritt in den Kindergarten auch das bisher bekannte Verpflegungssystem. Die Vollverpflegung durch die Einrichtung wird durch die selbstgemachte Brotzeit der Eltern ersetzt. Meist ändert sich damit auch die Essenssituation für die Kinder: Das gemeinsame Frühstück wird zur gleitenden Brotzeit. Die eigenständige Entscheidung, wann das Kind frühstückt und sich dabei vom laufenden Gruppengeschehen nicht ablenken lässt, ist, wenn auch in der wachsenden Partizipation der Kinder begründet, für viele sehr ungewohnt.

Um die Kinder auf diese neue Situation einzustimmen, bereitet die Erzieherin für die Kinder einmal die Woche die Lernwerkstatt „Brotzeit" vor. Die Kinder dürfen an diesem Tag ihre zukünftige Brotzeittasche mitbringen und sich dann ihre individuelle Brotzeit erstellen. Wann sie diese Brotzeit am Vormittag verzehren, entscheiden die Kinder selbst.

Mögliche Materialien sind z. B.:

- Verschiedene Obst und Gemüsesorten wie Karotte, Paprika, Tomate, Apfel, Birne
- Brettchen, Messer, Löffel, Schäler (der richtige Umgang wurde mit den Kindern vorher genau besprochen)
- Verschiedene Müslisorten
- Verschiedene Brotsorten
- Käse, Wurst, Marmelade.

Dokumentation

Für die Projektdokumentation eigen sich:

- Das Erstellen einer individuellen Dokumentation der Kinderkrippenzeit
- Das Erstellen eines Projektfilmes
- Lerngeschichten
- Aushänge.

Zusammenarbeit mit Eltern

Nicht nur für die Kinder, auch für die Eltern bedeutet der Übergang in den Kindergarten häufig eine große Veränderung. Sie müssen ihr Kind wieder ein Stück weiter loslassen und es macht ihnen noch einmal bewusst, dass ihr Kind „groß" wird. Es muss sich in der Regel in einer großen Kindergruppe mit weniger Personal zurechtfinden und auch behaupten. Deshalb ist es wichtig, auch für die Eltern möglichst gute Übergänge zu schaffen.

Mögliche Angebote für Eltern zum Thema „Übertritt in den Kindergarten" könnten sein:

- Elternabend zum Thema, zu dem die Leiterinnen der benachbarten Kindergärten eingeladen werden
- Elternnachmittag zum gemeinsamen Gestalten von individuellen Kindergartentaschen
- Feiern eines Kinderkrippen-Abschiedsfestes mit den zukünftigen Kindergartenkindern und ihren Eltern
- Nutzen von Ressourcen innerhalb der Elternschaft: Eine Mutter ist Erzieherin in einem Kindergarten und lädt die Kinder dorthin ein.

Projektwochen „Kunst und Malerei"

Kinder brauchen Freiraum, Anregung und Ermutigung, um ihre Fähigkeiten und ihre Fantasie zu entdecken und kreativ umzusetzen. Kreativität braucht Zeit, Spiel und Experimentierbereitschaft, erfordert Neugier und Geduld. Hierbei ist es wichtig, den Kindern die natürliche Neugier an Neuem und am Experimentieren zu erhalten und gezielt zu fördern. In der Kinderkrippe müssen daher Räume geschaffen werden, in denen die Kinder Fragen stellen und Lösungen selbst finden können. Die Aufgabe der Kinderkrippe besteht darin, den Kindern durch ein breites Angebot an Materialien Ausdrucksmöglichkeiten zu schaffen. Zusätzlich zum regulären kreativen Angebot bietet sich ein Projekt zum Thema „Kunst" an.

Mit dem Projekt soll erreicht werden, dass die Kinder

- ihre eigenen Gestaltungs- und Ausdruckswege entdecken,
- ein Grundverständnis für Farben und Formen entwickeln,
- neue, vielfältige Materialien, Werkzeuge und Techniken kennenlernen und ausprobieren,
- Kreativität als Gemeinschaftsprozesse kennenlernen,
- Wertschätzung und Anerkennung in ihrem Tun erfahren,
- verschiedene Künstler und ihre wichtigsten Werke kennenlernen (für ältere Kinder) sowie
- Spaß und Freude im kreativen und fantasievollen Handeln erfahren.

Planung und Durchführung der einzelnen Angebote aus den verschiedenen Bildungsbereichen:

- Die Kinder lernen verschiedene Maltechniken kennen.
- Die Erzieherinnen besprechen mit den Kindern verschiedene Künstler und Kunstepochen. Hierbei sollte stets darauf geachtet werden, dass die Erzieherinnen Künstler und deren Bilder auswählen, welche Kinder besonders ansprechen. Besonders bieten sich hier die Künstler der Künstlergruppe der „Blaue Reiter" an wie Franz Marc oder Wassily Kandinsky und sein Werk „Several Circles", Bilder des Malers Claude Monet, Vincent van Goghs „Die Sonnenblumen", Salvador Dali und das Werk „Beständigkeit der Erinnerung".
- Die Kinder können sich zum Beispiel im Rahmen eines Museumsbesuches oder in Büchern bestimmte Bilder ansehen und selbst nachmalen.

Die nachfolgend dargestellten Lernwerkstätten zum Thema würden sich anbieten.

Lernwerkstatt „Malerei"

Die Erzieherin stellt den Kindern verschiedene Pinsel und Malwerkzeuge wie Walzen, Schwämme, Korken (Stempeltechnik) und verschiedene Papiersorten zur Verfügung. Mit nur einer Farbe können die Kinder nun die verschiedenen Malwerkzeuge selbstständig, ohne Anleitung der Erzieherin, ausprobieren.

Lernwerkstatt „Farben"

Die Erzieherin legt in einem warmen Raum Papier aus und stellt den Kindern verschiedene Fingerfarben zur Verfügung. Die Kinder, am besten nur in Unterhose und Windel, dürfen nun völlig frei die Farben miteinander vermischen und malen. Zum Abschluss schaut sich die Erzieherin das Bild mit den Kindern an.

Praxistipp: Für diese Lernwerkstatt eignet sich besonders der Waschraum der Einrichtung oder bei warmem Wetter im Sommer das Außengelände mit einem kleinen Planschbecken in der Nähe, indem die Kinder sich anschließend waschen können bzw. gewaschen werden.

Dokumentation

Zur Dokumentation wählen die Erzieherinnen folgende Möglichkeiten:

- Ausstellen der Werke der Kinder
- Erstellen eines Projektfilmes
- Gestalten einer besonderen Projektmalmappe, in der Projektinhalte individuell für jedes Kind dokumentiert sind und Bilder gesammelt werden
- Lerngeschichten
- Aushänge über Ausflüge und Angebote.

Zusammenarbeit mit Eltern

Für die Zusammenarbeit mit Eltern bieten sich folgende Aktionen an:

- *Eltern- und Kindnachmittag:* Die Eltern können im Rahmen eines Elternnachmittages mit ihren Kindern zusammen Bilder gestalten und dabei verschiedene Maltechniken ausprobieren. Sie haben hier gute Möglichkeiten, sich Ideen und Anregungen für zu Hause zu holen.
- *Eltern- und Kind-Ausflug in ein Museum:* Meist scheitern Ausflüge mit den Kindern an zu wenig Personal, das die Kinder begleiten kann. Ein gemeinsamer Ausflug mit den Eltern löst dieses Aufsichtsproblem, fördert die Zusammenarbeit mit Eltern sowie die damit verbundene Transparenz der pädagogischen Arbeit und macht meist allen Beteiligten großen Spaß.
- *Große Kunstausstellung:* Gerade Bilder der Kinder sollten immer ausgestellt werden. Dies macht die Kinder stolz und fördert das Selbstbewusstsein. Die Kinder malen Bilder in verschiedenen Maltechniken, die anschließend für einige Zeit ausgestellt werden sollen. Zur Eröffnung der Ausstellung kann zum Beispiel eine Vernissage nur mit den Kindern stehen, bei der sie ihre Werke bewundern dürfen und ein kleines Buffet bereitsteht. Am Ende der Ausstellungszeit bietet sich eine große Finissage mit den Eltern an, bei der sie die Kunstwerke der Kinder noch einmal gemeinsam bewundern können. Auch diese kann zu einem Elternfest werden mit einem kleinen Buffet.
- *Bilderversteigerung für einen guten Zweck:* Man kann die Bilder der Kinder auch versteigern lassen und somit zum Beispiel etwas für die Einrichtung finanzieren oder eine Einrichtung bzw. Organisation für wohltätige Zwecke unterstützen. Da Eltern verständlicherweise überwiegend an Werken des ei-

genen Kindes interessiert sind, bietet es sich an, die jeweiligen Eltern Einzel-
bilder ihrer Kinder – im Rahmen einer freiwilligen Spende – kaufen zu lassen und nur anonyme Gemeinschaftsbilder zu versteigern.

Entscheidet man sich dafür, die Bilder der Kinder im Rahmen einer großen
Ausstellung zu präsentieren, sollten die Erzieherinnen darauf achten, dass
Bilder aller Kinder ausgestellt werden!

Eine Ausstellung mit Kindermalereien fördert nicht nur das Selbstbewusstsein der Kinder,
sondern ebenso die Zusammenarbeit mit den Eltern

Die moderne Säuglingsforschung betrachtet den Säugling nicht als hilfloses Wesen, sondern spricht vom „kompetenten Säugling" (Dornes 1994), welcher von Geburt an seine Umwelt wahrnimmt und kennenlernt. Ein wenige Wochen alter Säugling benötigt im Gruppenraum noch nicht viel Platz. Im Gegenteil, gerade in altersgemischten Gruppen und/oder in einer Kita mit offenem Konzept ist es von besonderer Wichtigkeit, einen Platz für ihn zu finden, der räumlich begrenzt ist sowie die nötige Ruhe und Geborgenheit vermittelt und ebenso genügend Raum bietet, entsprechend seinem Alter und Entwicklungsstand, die Umgebung zu erkunden und mit anderen Kindern in Kontakt zu treten. Gerade für Säuglinge muss die Kita noch viel mehr ein Raum der Geborgenheit darstellen als für ältere Kinder. Erst wenn das Kind sich auch in der Kita sicher und geborgen fühlt, kann es die Einrichtung auch Schritt für Schritt erkunden und für sich erobern. Ein Kind lernt, indem es bereits gemachte Erfahrungen mit neuen verknüpft. Je positiver diese Erfahrungen sind, umso leichter fallen ihm weitere Lernprozesse.

Im ersten Lebensjahr sind Spielen und Lernen noch eng verknüpft. Das Kind lernt überwiegend über die Sensomotorik, d. h. es lernt seine Umwelt kennen, indem es sie berührt. Das Kind „be-greift" seine Welt. Eine Lernwerkstatt für Kinder unter einem Jahr muss also verschiedenste sensomotorische Anreize bieten. Hierbei geht es jedoch weniger um die Quantität des Materials als um die Qualität. Für einen vier Monate alten Säugling beinhaltet schon ein kleiner Ball in beiden Händen eine Vielzahl von Erfahrungs- und Lernmomenten. Eine Lernwerkstatt kann deshalb zunächst auch nur aus einer Rassel bestehen, die das Kind mit seinen Händen, Füßen und dem Mund befühlen und „be-greifen" kann. Wichtig ist, dass die Erzieherin auch hier möglichst dem Kind nicht vorgibt oder zeigt, wie das Material funktioniert oder zu halten ist. Auch ein Säugling will und kann ein Material ohne Einwirkung von außen für sich erforschen.

Besonderheiten der Raumgestaltung

Die ungarische Kinderärztin Emmi Pikler (1992–1984) stellte in ihrer Arbeit die Wichtigkeit einer gesunden Entwicklung von Säuglingen und Kleinstkindern in den Vordergrund. Diese bestand vor allem darin, dem Kind in seiner selbstständigen Entwicklung möglichst viel Raum und die nötige Zeit hierfür zu geben. Wichtig sei hierbei, so Emmi Pikler, vor allem die liebevolle und geduldige Unterstützung des Erwachsenen. Nur freie, emotional sichere Kinder könnten sich frei bewegen. Ein Kind soll „möglichst viele Dinge selbst entdeckt. Wenn wir ihm bei der Lösung aller Aufgaben behilflich sind, berauben wir es gerade dessen, was für seine geistige Entwicklung das Wichtigste ist. Ein Kind, das durch selbststän- dige Experimente etwas erreicht, erwirbt ein ganz andersartiges Wissen, als ei- nes, dem die Lösung fertig geboten wird" (Pikler 2011).

Einem Raum für Kinder unter drei Jahren kommt deshalb eine so große Bedeu- tung zu, weil der Entwicklungssprung, den ein Kind im Alter von neun Wochen bis zu seinem dritten Lebensjahr durchmacht, sehr groß ist. Der Raum in der Ki- ta muss also sowohl ein geborgenes Nest für Säuglinge sein als auch ein spannen- des und herausforderndes Betätigungsfeld für Dreijährige bieten.

Aus dem Wissen heraus, dass es zunächst nicht wichtig ist, *was* Säuglinge lernen, sondern *wie* sie es tun, ergibt sich die Folgerung, Räume für Säuglinge bereits so zu gestalten, dass ihr Interesse geweckt wird, alle Sinne auf unterschiedlichste Weise angesprochen und sie aufgefordert und motiviert werden, gemachte Lern- erfahrungen zu wiederholen und weiterzuentwickeln, ohne dabei überfordert zu werden.

> Die Kita sollte für Säuglinge und Kleinstkinder sowohl Sicherheitsbasis als auch Erkundungsstätte sein. Ein Ort, an dem zum einen das natürliche Be- dürfnis nach Geborgenheit, zum anderen aber auch das Streben nach Au- tonomie in gleicher Weise Berücksichtigung findet.

Je mobiler das Kind wird, umso mehr Platz benötigt es. Sobald es krabbeln lernt, reichen das Körbchen oder die Decke am Boden mit Spielmaterialien wie Beiß- ring, Rasseln oder Bälle nicht mehr aus. Je älter ein Kind wird, umso weiter werden seine „Gren- zen" und die natürliche Neugier, sich selbst und seine Umwelt zu entdecken, wird immer größer. Ein Kind will und muss seine Welt entdecken und hierbei auch Herausforderungen erleben und überwinden. Diese Herausforderungen fin- det das Kind auf verschiedenen (Raum-)Ebenen, aber auch in Dingen, die in seiner Höhe auf dem Boden liegen wie Polstern, Kissen oder größeren Stofftieren. Je nach personellen Möglichkeiten kann eine Lernwerkstatt auch nur für ein oder zwei Säuglinge allein vorbereitet werden. In der Regel genießen die Kinder diese Zeit des Rück- zugs und der Ruhe.

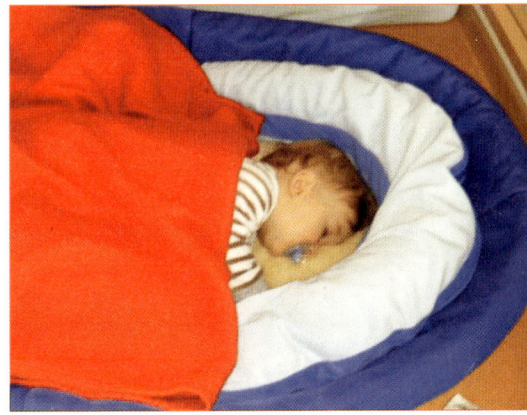

Säuglinge und Kleinstkinder müssen sich in der Kita sicher fühlen

Beispiele für Lernwerkstätten

Folgende Lernwerkstätten lassen sich bereits für die jüngsten Kinder in der Einrichtung anbieten:

Bälle

Die Erzieherin hat sich mit Sophie (5 Monate) und Isabelle (6 Monate) in einen separaten Raum zurückgezogen. Die Kinder liegen bäuchlings auf einer Decke und die Erzieherin bietet ihnen ein bis zwei Bälle an. Diese sind verschieden groß, haben eine unterschiedliche Oberflächenbeschaffenheit und sind aus verschiedenen Materialien. Nun setzt sie sich zu ihnen, greift aber nicht mehr in das Geschehen ein und beobachtet. Sie möchte wissen, ob das Angebot die Kinder interessiert, ob und welchen Ball sie aussuchen, auf welche Weise sie ihn erkunden (mit Mund, Händen usw.) und ob sie auch untereinander Kontakt aufnehmen.

Anschließend dokumentiert sie ihre Beobachtungen möglichst wertfrei. In den darauffolgenden Tagen bietet sie den Kindern gemeinsam oder auch getrennt voneinander wieder die Bälle an, je nach Interesse dann auch mehr. Sie lässt die Kinder dabei völlig selbstständig handeln und hat nur die Rolle der Beobachterin. Auch wenn das jeweilige Verhalten der Kinder zu einem großen Teil spekulativ bleibt, weil sie sich sprachlich noch nicht ausdrücken können, kann die Erzieherin durch ihre Beobachtungen und Dokumentationen trotzdem eine Präferenz im Umgang der Kinder mit den Bällen entdecken – oder eben auch nicht.

Bällebecken

Die Kita verfügt über ein großes Bällebecken. Meist können dieses gerade die Säuglinge während der offenen Gruppenzeit der Kita nicht benutzen, weil es hier „zu wild" zugeht. In der Lernwerkstatt-Zeit für die Kinder unter einem Jahr sorgt die Erzieherin dafür, dass die Kinder das Becken für sich allein haben, um mit den Bällen zu spielen, sich in die Bälle zu legen und sich von ihnen tragen zu lassen. Sie können sich in den Bällen verstecken und mit Bällen bewerfen. Ist das Becken groß genug, kann sich auch die Erzieherin mit in das Becken legen; dies gibt dem Säugling in den vielen bunten und sich bewegenden Bällen Sicherheit.

Federn

Federn sprechen die taktile Wahrnehmung des Säuglings besonders an. Viele Kinder genießen die Weichheit und Leichtigkeit der Federn und es gefällt ihnen, damit gestreichelt zu werden oder sich selbst damit zu berühren. Bei Kindern unter sechs Monaten sollte die Erzieherin zur Einführung zunächst dem Kind leicht mit der Feder erst über die Hände, bei sichtbarem Gefallen auch über die Wangen streichen. Ist der Raum warm genug, können die Kinder auch nur mit Body oder Windel bekleidet sein, um die Feder(n) am ganzen Körper zu spüren.

Wundertüten

Für Kinder ab etwa vier bis fünf Monaten bereitet die Erzieherin mehrere Brotzeittüten vor. Dafür füllt sie jeweils eine Tüte mit verschiedenen Materialien wie Korken, Watte, einem kleinen Stück Schwamm, Alufolie, Reis, Konfetti o. Ä. Im Anschluss legt sie den Kindern die Tüten auf den Boden. Die Kinder können diese nun selbstständig greifen und mit ihren Sinnen erforschen, indem sie sie sehen, fühlen, mit Händen, Füßen und Mund erkunden.

Mit verschiedenen Materialien gefüllte Brotzeittüten können die Kinder selbstständig greifen und mit ihren Sinnen erkunden

Wäscheleine

Die Erzieherin hängt im Raum eine Wäscheleine, z. B. zwischen zwei Stühlen, auf. An diese hängt sie, für die Kinder liegend gut erreichbar, verschiedene Gegenstände und Materialtüten. Die Kinder können dann selbst entscheiden, welcher Gegenstand sie besonders interessiert, sie können daran ziehen und ihn hängend oder auch von der Leine abgezogen mit den Händen, den Füßen und dem Mund erkunden.

Mögliche Materialien sind z. B.:

- Befüllte Tüten
- Kleine Rasseln und Glöckchen
- Luftballons
- Weiche Bürsten („Babyhaarbüste")
- Schwämme
- Kleine Sandsäckchen.

Papprollen und Karton

Gerade verschieden große Papprollen oder (Schuh-)Kartons mit dazugehörigem Deckel können auch schon sehr junge Kinder gut greifen. Sie beinhalten viele unterschiedliche Lernerfahrungen: das Greifen an sich, das Hin- und Herrollen, Auf- und Zumachen eines Deckels usw.

Musikwerkstatt

Bereits pränatal reagiert der Fötus auf Geräusche und musikalische Reize. Deshalb ist es auch nach der Geburt besonders wichtig, die natürliche Musikalität des Säuglings so früh wie möglich zu fördern und ihm immer wieder musikalische Reize zu bieten: Die Erzieherin lüftet den Raum und legt eine weiche Decke auf den Boden. Dann legt sie verschiedene Musikinstrumente wie Schellenbänder, kleine Rasseln und kleine Handtrommeln in die Mitte der Decke. Die Kinder, die noch nicht sitzen können, legt sie bäuchlings um die Instrumente herum. Sie können nun nach den Musikinstrumenten greifen und sie mit all ihren Sinnen erforschen. Auch hier agiert die Erzieherin lediglich als Beobachterin. Sie animiert die Kinder nicht, indem sie ihnen vorher die Musikinstrumente vorstellt oder vorspielt.

Wasserwerkstatt für Kinder im Alter von null bis acht Monaten

Die Wasserwerkstatt ist für bis zu drei Kinder geeignet, wenn sie bereits stabil alleine sitzen können. Die Erzieherin hat das Bad eingeheizt. In der Mitte des Raumes steht ein mit einer Handbreit lauwarmem Wasser befülltes Planschbecken. Die Erzieherin setzt die nur mit einer (Schwimm-)Windel bekleideten Kinder nacheinander langsam in das Wasser und lässt sie zuerst ungestört planschen und sich an die neue Umgebung gewöhnen. Nach einiger Zeit gibt sie den Kindern kleine Gießkannen, Becher und Schwämme zum Spielen in das Becken. Die Kinder können nun das Element Wasser erforschen. Die vorbereiteten Materialien sollten sich hierbei vor allem in der Anzahl und Auswahl von denen für ältere Kinder unterscheiden. So reicht es zunächst, die Kinder nur das Wasser spüren zu lassen und ihnen im nächsten Schritt nur einen Schwamm oder ein kleines Schüttgefäß zu geben. Anders als in der Wasserwerkstatt für ältere Kinder muss die Erzieherin schon allein aus Sicherheitsgründen sehr nah an der Wasserwanne sitzen, um gegebenenfalls schnell eingreifen zu können. Da sich die Säuglinge auch in der Regel weniger bewegen, sollte die Erzieherin die Körper der Kinder, gerade wenn die Wasserwerkstatt zur kälteren Jahreszeit stattfindet, immer wieder leicht mit warmem Wasser benässen, damit sie nicht anfangen zu frieren. Die meisten Kinder empfinden das warme Wasser an Bauch und Rücken als sehr angenehm.

Eine Lernwerkstatt für Kinder unter einem Jahr muss zwangsläufig anders aussehen als für ältere Kinder. Hier geht es vor allem darum, den Säuglingen in der Krippe in einem kleineren Rahmen gezielt eine Auswahl von Gegenständen anzubieten, die ihr Interesse weckt und die sie mit allen Sinnen erkunden und erforschen können. Lernwerkstätten für unter Einjährige müssen reduziert, aber anregend sein.

Lernwerkstätten entstehen. Sie von heute auf morgen in einer Einrichtung aufstellen zu wollen, wird langfristig nur schlecht oder gar nicht funktionieren. Ob es gelingt, eine Lernwerkstatt einzurichten, hängt von vielen Faktoren ab. Letztendlich ist nicht nur das Team gefordert, sich für das Thema zu öffnen, sondern genaues Beobachten und die Reflexion und Dokumentation des Bildungsgeschehens sind wesentliche Bedingung für einen Erfolg.

Geeignete Voraussetzungen schaffen

Eine der wichtigsten Voraussetzungen für das erfolgreiche Einrichten einer Lernwerkstatt ist die Bereitschaft des Teams, sich mit dem Thema zu befassen und eine Lernwerkstatt in den Alltag zu integrieren.

Bereitschaft im Team erkunden

Bevor das Team sich dafür entscheidet, sollte es sich gut über das Thema informieren. Im besten Fall haben die Kolleginnen die Möglichkeit, in Kitas mit bereits bestehenden Lernwerkstätten zu hospitieren. Auch Vorurteile, Kritik und Ängste vor der Gründung sollten im Team offen geäußert, umfangreich diskutiert und bearbeitet werden, mit dem Ziel zeitnah für alle Beteiligten eine gute Lösung zu finden.

Eine Lernwerkstatt kann noch so schön eingerichtet sein, wenn die Erzieherinnen den Kindern nicht die Möglichkeit geben, diese zu nutzen, wird sie nicht funktionieren. Ziel ist es, die Lernwerkstatt im pädagogischen Alltag von der Besonderheit zur Normalität werden zu lassen. Die Lernwerkstatt soll also nicht zusätzliche Aufgabe sein, sondern vielmehr als tägliches Ritual den Kita-Alltag bereichern wie der Morgenkreis oder die Nutzung des Außengeländes.

Gemeinsam festgelegte Verbindlichkeiten und Regeln geben nicht nur Kindern, sondern auch Erwachsenen in neuen und unbekannten Situationen Sicherheit und Struktur. Aus diesem Grund sollte das Team gemeinsam festlegen, wie die erste Lernwerkstatt in der Kinderkrippe aussehen kann, welche Aufgaben und auch Veränderungen des Tagesablaufs diese mit sich bringt, wie und wo die Lernwerkstatt im pädagogischen Alltag integriert wird, welche Ziele damit verfolgt werden und wie eine umfassende Dokumentation aussehen kann, die die Kolleginnen gut und zusätzlich zur „normalen" Dokumentation bewältigen können.

Praxistipp: Vor allem am Anfang hilft es, Verantwortlichkeiten festzulegen. Die „Lernwerkstattbeauftragte" kümmert sich um die Informationen zum Thema, aber auch darum, wann bzw. wo die Lernwerkstatt benutzt wird und dass die Lernwerkstatt-Regeln (Nutzung, Ordnung, Dokumentation) eingehalten werden.

Beobachtung der Kinder und des Ist-Zustandes

Egal, ob die Lernwerkstatt ihren Platz in einem eigenen Raum findet, in Funktionsräumen integriert, fest oder mobil ist – am Anfang steht immer die Beobachtung der Kinder mit dem Ziel der Beantwortung folgender Fragen:

- Welches Ziel verfolge ich mit der Lernwerkstatt in der Kita?
- Welche Interessen haben die Kinder?
- Welche Themen können in der Lernwerkstatt bearbeitet werden?
- Welche Materialien benötige ich?
- Welchen Raum/welche Räume kann ich hierfür nutzen?
- Zu welchen Zeiten und wie nutze ich die Lernwerkstatt?

Räumliche Möglichkeiten und Rahmenbedingungen

So unterschiedlich die verschiedenen Einrichtungen sind, so verschieden sehen auch ihre Lernwerkstätten aus. Welche Größe, welche Themen und welche Form der Lernwerkstatt in einer Einrichtung gefunden werden, hängt letztendlich auch von den Räumlichkeiten der Kita ab. Viele Einrichtungen verfügen nicht über ausreichend Platz, eine große, separate Lernwerkstatt mit mehreren Lernbereichen einzurichten, und/oder nicht über die personellen Möglichkeiten, um eine zusätzliche große Dokumentation zu erstellen. Deshalb ist bereits im Vorfeld eine genaue Planung nötig, wie die Lernwerkstatt-Arbeit trotzdem gelingen kann.

Zentrale Punkte beim Einrichten einer eigenen Lernwerkstatt:

- Die Lernwerkstatt muss nicht von Anfang an perfekt sein. Auch hier gilt häufig: weniger ist mehr.
- Lernwerkstätten müssen sich mit den Kindern und auch dem Team entwickeln: Wo am Anfang vielleicht ein Tisch die Lernwerkstatt darstellt, kann am Ende des Prozesses die gesamte Kita eine Lernwerkstatt sein.
- Wichtig ist vor allem, sich in den fortwährenden Prozess zu begeben und die ideale Form für die Kinder und die Kolleginnen zu finden.

Erfahrungsbericht: Von der Bauecke zur Lernwerkstatt

Als die viergruppige Kinderkrippe „Parkstadtbeeren" vor drei Jahren eröffnete, entschied sie sich für ein offenes Konzept mit Gruppenstruktur. Die Einrichtung verfügt über sogenannte Stammgruppen, in welche die Kinder auch eingewöhnt werden, öffnet aber täglich vormittags und nachmittags die Gruppen, damit die Kinder ihre Spielpartner eigenständig wählen, alle Räume der Einrichtung nutzen und nicht zuletzt alle Erzieherinnen die Kinder kennenlernen können und umgekehrt. Die Kinder haben so nicht nur die Erzieherinnen ihrer Gruppe als Ansprechpartnerin zur Verfügung, sondern alle Kolleginnen der Einrichtung. Diese große Öffnung brachte es auch mit sich, dass das Team die Räume als Funktionsräume einrichtete. Dabei setzte das Team folgende pädagogischen Schwerpunkte:

- Erdbeergruppe: Rollenspiel und Spielehaus
- Brombeergruppe: Bauzimmer
- Heidelbeergruppe: Musik
- Himbeergruppe: Entspannungsraum.

Diskussionen im Vorfeld

Rund ein Jahr nach der Eröffnung der Kinderkrippe berichtete Erzieherin Stephanie der Leiterin im Rahmen eines Mitarbeitergespräches, dass ihr Sohn Felix, seit kurzem im Kindergarten, ganz begeistert von der dortigen Lernwerkstatt erzählen würde und sie das Thema sehr interessant fände. Die Leiterin hatte ihrerseits im Zuge der Zusammenarbeit mit Kindergärten der Umgebung bereits von Lernwerkstätten gehört, diese aber für Kinderkrippen nicht in Betracht gezogen. In der Kinderkrippe gehe es mehr um das Lernen im kindlichen Spiel. Dies würde sie in einer Lernwerkstatt nicht sehen. Die Krippenkinder seien für diese Form des Lernens zu klein, so die Argumente der Leiterin.

Trotz der großen Vorbehalte einigte sich Stephanie mit ihr darauf, zunächst einmal im Kindergarten ihres Sohnes zu hospitieren und sich für eine Fortbildung zum Thema „Lernwerkstätten" anzumelden. Was sie dort sah und auf der Fortbildung erfuhr, begeisterte Stephanie noch mehr. Obwohl auch die Fortbildung fast nur Inhalte für Kinder ab drei Jahren behandelte, sah Stephanie dennoch eine gute Möglichkeit, diese auf Krippenkinder herunterzubrechen und entsprechend weiterzuentwickeln.

Inhaltliche Auseinandersetzung im Team

Nach einem Gespräch mit der Leiterin, welches diese zum Umdenken brachte, berichtete Stephanie dem Team von der Fortbildung und teilte ihm ihre Ideen zur Umsetzung in der Kinderkrippe mit. Das Team, zwar grundsätzlich offen für Neues, war zunächst etwas skeptisch, mit welchem Ziel und mit welchem Aufwand eine Lernwerkstatt in der Einrichtung „Platz haben" könnte. Aus diesem Grund befasste es sich erst einmal intensiv mit folgenden Fragen:

- Welches Ziel verbinden wir mit der Gründung einer Lernwerkstatt?
- Bieten wir eine Lernwerkstatt für alle Kinder an oder nur für unsere „Großen"?
- Welche Form der Lernwerkstatt wählen wir? In welchem Raum kann die Lernwerkstatt errichtet werden?
- Haben wir vielleicht schon Ansätze von Lernwerkstätten in unseren Gruppenräumen?
- Welchen Lernbereich bzw. welche Lernbereiche behandelt unsere Lernwerkstatt?
- Welche Materialien sind bereits vorhanden? Welche werden noch benötigt?
- Wie integrieren wir die Lernwerkstatt in den pädagogischen Tagesablauf?
- Wie kann die Dokumentation aussehen?
- Wie gestalten wir die Information und Zusammenarbeit mit den Eltern?

Am Ende des Beobachtungs- und Planungsprozesses legte das Team folgende Punkte fest:

- Die Lernwerkstatt wird in einer Ecke des großen Ateliers eingerichtet.
- Ein großes Regal wird verschoben und bietet so als Raumteiler die nötige Begrenzung.
- Die bis dato eher ungenutzten Spielbänke werden in Hufeisenform angeordnet.
- In der Lernwerkstatt befinden sich Materialien zu den mathematisch- naturwissenschaftlichen Lernbereichen Magnetismus, Volumen, Zeit, Masse, Gewicht, Formen und Farben.
- Die Lernwerkstatt wird zunächst ein Teil des bereits erfolgreich laufenden „Kindergarten-Projekts" sein, ein bisher einmal wöchentlich stattfindendes Angebot für die Kinder ab etwa zwei Jahren, die nach dem laufenden Jahr in den Kindergarten wechseln.
- Stephanie übernimmt die Verantwortung für die Lernwerkstatt, führt Kinder und Kolleginnen in das Thema ein und steht als Ansprechpartnerin zur Verfügung.
- Unterstützt wird sie von ihrer Kollegin Sabine, die ihren Schwerpunkt in der Koordination der regelmäßigen Dokumentation übernimmt.

Eine Lernwerkstatt in Hufeisenform bietet den nötigen Schutzraum
für ungestörtes Forschen

Es wurden folgende Lernwerkstatt-Regeln innerhalb des Teams vereinbart:

- Jeder leistet seinen Beitrag zum Gelingen der Lernwerkstatt.
- Das Team trifft sich regelmäßig in Kleingruppen, aber auch im Gesamtteam zur Reflexion, nicht nur über das Verhalten der Kinder, sondern auch zum Zwecke der Selbstreflexion.
- Jeder Lernwerkstattbesuch wird dokumentiert.
- Jede einzelne Kollegin ist verantwortlich dafür, dass die Lernwerkstatt in Ordnung gehalten wird.

Es wurden zudem folgende Lernwerkstatt-Regeln für die Kinder formuliert:

- Jedes Kind darf lernen und forschen, womit es möchte.
- Es darf, muss seinen momentanen Lernbereich aber nicht teilen.
- Jedes Kind darf in einem Lernbereich forschen, solange und mit wem es möchte.
- Es gibt kein Falsch, sondern nur ein Richtig.
- Ist die Lernwerkstatt-Zeit zu Ende, räumen die Kinder ihren Lernbereich auf und bitten gegebenenfalls die Erzieherin um Hilfe.

Die Leiterin übernahm das Schreiben eines Elternbriefes, in dem sie diese über die Neuerung „Lernwerkstatt" informierte.

Dokumentationsform

Die größten Bedenken hatte das Team in Bezug auf die hinzukommende Dokumentation: zum einen, weil dies zusätzliche Arbeit zur bereits bestehenden Dokumentation bedeutete, zum anderen, weil es befürchtete, dass diese auch noch umsonst sein könnte, wenn die Eltern sie in der Fülle an Informationen gar nicht mehr wahrnehmen.

Wieder war es Stephanie, die hier die zündende Idee zu einer einfachen Foto-Dokumentation hatte, die sogar von den Kindern aktiv mitgestaltet und verstanden werden kann. Die Erzieherinnen machten von allen Kindern, Kolleginnen und Materialien ein Foto und laminierten diese einzeln ein. Dann hängten sie ein großes, mit Folie beschichtetes Plakat auf, auf dem sich mehrere Lernwerkstatt-Einheiten dokumentieren ließen. Das Plakat wurde dazu mit einem Tabellengitter versehen: In der ersten senkrechten Spalte wurden Fotos der Kinder angebracht. In den waagrechten Zeilen neben dem Kinderfoto hängten die Erzieherinnen oder die Kinder selbst die Fotos auf, die das Lernfeld bzw. Material, mit dem das jeweilige Kind gearbeitet hat, zeigten. Ein Foto der jeweiligen Erzieherin auf dem Plakat signalisierte, wer die Lernwerkstatt für die Kinder geöffnet hatte.

So konnten die Erzieherinnen schnell und ohne zusätzliche Schreibarbeit die Ergebnisse der Kinder festhalten und feststellen, ob ein Kind an allen Lernbereichen interessiert ist oder über eine gewisse Zeit eine besondere Präferenz entwickelt hat. Auch für die Eltern war diese Dokumentation sehr informativ und besonders niederschwellig. Durch das Foto der Erzieherin wussten sie außerdem, an wen sie sich bei weiteren Fragen wenden konnten.

Das Ergebnis war erstaunlich und faszinierend zu gleich. Während jeder Lernwerkstatt-Einheit arbeiteten alle Kinder ruhig und scheinbar hochkonzentriert in den verschiedenen Lernbereichen. Sie beschäftigten sich alleine oder teilten sich ihren Arbeitsplatz und das darin befindliche Material, ohne dass es zu größeren Streitereien kam. Die Lernwerkstatt war ein so großer Erfolg, dass die Erzieherinnen beschlossen, diese auch außerhalb der Projektgruppe zu öffnen.

Weitere Entwicklung

In den folgenden Monaten beobachteten die Erzieherinnen immer häufiger, dass auch die jüngeren Kinder in die Lernwerkstatt wollten. Sie entschieden sich daraufhin, diese für alle Kinder zu öffnen. An einem Klausurtag wurde daraufhin das weitere Vorgehen besprochen und geplant:

- Welche Lernbereiche bieten wir ab welchem Alter an?
- Müssen die bestehenden Lernbereiche verändert, verkleinert, ergänzt oder ersetzt werden?
- Welche Materialien benötigen wir?
- Ist eine Lernwerkstatt auch für Kinder unter einem Jahr möglich und wenn ja, wie?
- Welche Materialien benötigen wir für diese Altersgruppe?
- Wie muss die Dokumentation für unter Einjährige geändert werden?

Am Ende gestaltete sich die neue Lernwerkstatt der Parkstadtbeeren folgendermaßen: Die Erzieherinnen nahmen die Lernwerkstatt als weiteren Punkt in ihren schon bestehenden Angebots- und Einsatzplan auf. Die Lernwerkstatt wurde sowohl vormittags als auch nachmittags je nach personeller Situation für bis zu zehn Kinder geöffnet.

Da die bestehende Lernwerkstatt durch die Öffnung für die Jüngeren zu klein wurde, beschloss das Team, das bisherige Atelier gänzlich zu teilen. Durch einfaches Umstellen und die Anschaffung neuer Regale wurde Platz für Atelier und Lernwerkstatt geschaffen. Aus der kleinen Hufeisenform zu Anfang wurde ein großer Kreis.

Das Dokumentationsplakat wurde um die Fotos aller Kinder der Einrichtung erweitert. Die Lernwerkstatt-Zeiten der unter Einjährigen hielten die Erzieherinnen in den ohnehin bereits geführten Dokumentationsheften der Kinder fest.

Die Lernwerkstatt für Kinder unter einem Jahr wurde vor allem mit Materialien bestückt, welche die Sensomotorik fördern. Die Lernbereiche blieben dieselben und wurden um den Bereich „Lebenspraxis" ergänzt. Dieser Bereich umfasste in erster Linie Alltagsgegenstände wie Tuben, Dosen, Deckel, Schwämme usw. Die Leiterin schrieb einen weiteren Elternbrief, in dem sie die Eltern bat, das Team durch kleinere Sachspenden zu unterstützen.

Beispiel: Infobrief

Liebe Eltern,

wie Sie wissen, haben wir vor einiger Zeit erfolgreich unsere erste feste Lernwerkstatt für die zukünftigen „Kindergartenkinder" gegründet. Immer häufiger zeigten uns nun Ihre Kinder, dass dieses Angebot nicht nur „unsere Großen" interessiert. Auch die jüngeren Kinder wollten immer häufiger in die Lernwerkstatt. Nun haben wir beschlossen, die Lernwerkstatt für alle Kinder anzubieten und in unseren offenen Tagesablauf zu integrieren.

Wir haben deshalb das sehr große Atelier durch Raumteiler getrennt. Das Atelier befindet sich nun an der großen Fensterfront, die Lernwerkstatt im vorderen Teil des Raumes. Diese ist auf Holzbänken in Kinderhöhe kreisrund angeordnet, in der Mitte lädt ein großer Teppich zum Sitzen und Spielen ein.

Um die Lernwerkstatt auch für Kinder unter zwei Jahren zu öffnen, tauschten wir bereits Dinge aus bzw. fügten Neue hinzu: Stempel und sehr kleine Steckspiele mit verschluckbaren Kleinteilen ersetzten wir unter anderem durch ein Tablett mit leeren Tuben und Dosen, Schwämmen und Korken.

Das bisherige Ergebnis bestätigt uns in unserer Entscheidung: Die Kinder beschäftigen sich sowohl im Atelier als auch in der Lernwerkstatt alleine oder auch gemeinsam. Ein kleines Beispiel: Neulich spielte die 24 Monate alte Marlene lange mit und neben der 15 Monate alten Nina im Kinderbüro. Der 18 Monate alte Leon experimentierte mit unterschiedlichen Magneten und die zweijährige Sarah beschäftigte sich mit den Sanduhren. Zur gleichen Zeit malten drei Kinder im Atelierteil ein großes Gemeinschaftsbild.

Um vor allem den Bereich „Lebenspraxis" weiter auszubauen, bitten wir Sie nun um Ihre Unterstützung in Form von kleineren Sachspenden. Zur besseren Übersicht hängen wir in den nächsten Tagen dafür eine Liste aus.

Vielen Dank!

Ihr Team

Je intensiver sich die Kolleginnen mit dem Thema „Lernwerkstatt" befassten, umso klarer wurde ihnen, dass sich die Lernwerkstatt nicht nur auf das abgeteilte Atelier beschränken kann. So funktionierten sie zusätzlich einen ausrangierten Servierwagen als mobile Lernwerkstatt um. Diese hatte den Vorteil, dass schnell weitere Lernbereiche auch in anderen Räumen und vor allem im Außengelände aufgebaut werden konnten.

Im Zuge eines eigenen Konzepttages stellten die Kolleginnen weiterhin fest, dass sie nun auch die Schwerpunkte in ihren Gruppenräumen in Werkstätten umwandeln und entsprechend benennen wollten. So wurde aus dem

- Erdbeerzimmer eine Theater-Lernwerkstatt,
- aus dem Brombeerzimmer eine Bau- und Konstruktions-Lernwerkstatt,
- aus dem Heidelbeerzimmer eine Musik-Lernwerkstatt und
- aus dem Himbeerzimmer eineLernwerkstatt der Sinneswahrnehmungen und
- aus dem Garten eine Natur- und Umwelt-Lernwerkstatt.

Im Laufe von Monaten und Jahren verteilten sich verschiedene Lernwerkstätten in der gesamten Einrichtung.

Eine runde Lernwerkstatt bietet viel Platz

III | Reflexion, Dokumentation und Zusammenarbeit mit Eltern

Wie in vielen anderen Bereichen der Pädagogik spielt auch im Bereich der Arbeit mit Lernwerkstätten die anschließende Reflexion und Dokumentation eine wichtige Rolle. Auch in der Kinderkrippe sollte die Erzieherin nach einer Lernwerkstatt-Einheit immer mit den Kindern über ihre Tätigkeit sprechen. Dieses Gespräch muss natürlich deutlich anders aussehen als bei Kindern im Kindergarten oder in der Grundschule

Der Abschlusskreis

Einen guten Reflexionsrahmen in der Kinderkrippe kann nach jeder Lerneinheit ein sogenannter Abschlusskreis bieten. Anders als ältere Kinder können Kinder unter drei Jahren nicht differenziert sagen, was sie in welchem Bereich lernen wollten oder erforscht haben. Aber sie können, je nach Sprachentwicklung, ab etwa zwei Jahren bereits sagen, wo ihr größtes Interesse lag, oder kindgerechter ausgedrückt, was ihnen in der Lernwerkstatt am meisten Spaß gemacht hat. Die Erzieherin sollte am Schluss jedem Kind noch einmal eine kurze, möglichst wertfreie Zusammenfassung ihrer Beobachtungen geben.

Beispiel einer Rückmeldung für Luis 18 Monate:

Lieber Luis,

heute hast du dich lange mit dem Lernfeld „Physik" beschäftigt. Am meisten scheint dich hier der Magnetismus interessiert zu haben, stimmt's? Dass die bunten magnetischen Kugeln aneinanderhaften, hat dir wohl am besten gefallen. Bei allem, was du gemacht hast, wirktest du sehr konzentriert.

Kinder lernen emotional. Sie lernen noch besser und leichter, wenn sie dabei Spaß und Freude haben. In der Lernwerkstatt haben die Kinder die Möglichkeit, ausschließlich positive Erfahrungen mit allen Lernfeldern zu machen. Im besten Fall können sie diese positiven Erfahrungen auch in ihrem späteren schulischen Leben mit diesen Lernfeldern verknüpfen und so für sich nutzen.

Im Abschlusskreis kann jedes Kind sagen, was ihm in der Lernwerkstatt am meisten Spaß gemacht hat

Die Dokumentation als Informationsbasis

Nicht zuletzt durch die Einführung der Bildungs- und Erziehungspläne nimmt die Dokumentation einen immer wichtigeren und umfassenderen Stellenwert im pädagogischen Alltag ein. Gerade in der Arbeit mit Kindern unter drei Jahren ist sie eine wichtige Informationsbasis in Bezug auf die Entwicklung des Kindes, die Grundlage für eine gelingende Zusammenarbeit mit Eltern und ein Hilfsmittel für Team-, Fall-, aber auch Konfliktgespräche. Sie kann damit als eines der wichtigsten Werkzeuge der pädagogischen Arbeit gesehen werden.

Welche Form der Dokumentation einer Lernwerkstatt-Einheit eine Einrichtung wählt, ist individuell und hängt von verschiedensten Faktoren ab wie der Bereitschaft zur umfangreichen Dokumentation, der bereits bestehenden Dokumentationsformen und der personellen Situation. Im besten Fall kann die Dokumentation der Lernwerkstatt-Arbeit der Kinder ohne viel zeitlichen Mehraufwand in eine der bestehenden Dokumentationsmethoden integriert werden.

Beispiele für verschiedene Dokumentationsformen:

- Die in der Lernwerkstatt gemachten Beobachtungen fasst die Erzieherin in einer Lerngeschichte zusammen.
- Die niedergeschriebenen Beobachtungen und Bilder einer Lernwerkstatt-Einheit werden Teil des Portfolios.
- Die Lernwerkstatt-Einheit wird für alle auf einer Dokumentationswand visualisiert.
- Individuelle Filmsequenzen bilden einen Teil des Elterngesprächs oder die Grundlage für Fallbesprechungen innerhalb des Kita-Teams.

Bildungs- und Lerngeschichten

Die Bildungsprozesse der Kinder festzuhalten, geschieht in den letzten Jahren immer häufiger in Form von Bildungs- und Lerngeschichten nach Margaret Carr. Ziel ist es, einen ganzheitlichen Blick auf Lernprozesse zu haben, um darauf basierend die Kinder zu fördern und ihren Bildungsprozess zu begleiten. Am Anfang stehen wertfreie Beobachtungen, gefolgt von der Auswertung und dem kollegialen Austausch. Am Schluss steht die Dokumentation. Diese Dokumentation ist eine Geschichte, ein Brief an das Kind, die nicht nur das beobachtete Kind im Fokus hat, sondern auch sein Umfeld und die beobachtende Erzieherin einbezieht. Bildungs- und Lerngeschichten sind meist Teil eines Portfolios, das von den Erzieherinnen, Kindern und Eltern immer wieder genutzt wird und so auch Vergangenes immer wieder aufs Neue reflektierbar macht. Auch in der Lernwerkstatt werden viele Lerngeschichten erzählt. Das folgende Beispiel gibt die Lerngeschichte von Hannes (2,7 Jahre) beim Kennenlernen des Materials Styropor wieder.

Beispiel „Lerngeschichte":

Lieber Hannes,

in den letzten Wochen habe ich dich immer wieder in der Lernwerkstatt beobachtet. Gestern hast du zusammen mit Lena die große Plastikwanne mit den vielen Styroporflocken herausgeholt. Du hast sie mit dem Arm verrührt und in deinen Fingern hin- und hergeschoben. Ich denke, du wolltest wissen, wie sich das Material anfühlt, habe ich Recht Hannes?

Lena und du habt so laut gelacht, dass Sophia und Luisa auf euch aufmerksam wurden und sich zu euch an die Wanne setzten. Sophia brachte eine der leeren Tennisball-Boxen mit, von denen du dir auch eine holtest. Gemeinsam habt ihr die Tennis-

ball-Boxen mit den Styroporflocken befüllt und sie anschließend in die Wanne geschüttet. Du sagtest dabei zu Sophia: „Das sieht aus wie Schnee!", hast die Tennisball-Box wieder auf den Boden gelegt und bist aufgestanden. Dann hast du dich gebückt, einige Flocken mit den Händen aufgehoben, um sie anschließend in die Wanne rieseln zu lassen. Dazu hast du das Lied „Schneeflöckchen Weißröckchen" gesungen. Es hat mir sehr gefallen, wie du gesungen hast, und anscheinend nicht nur mir. Auch Lena, Luisa und Sophia standen daraufhin auf und ließen Flocken „schneien".

Lena kam auf die Idee, sich auch gegenseitig „beschneien" zu lassen. Und ihr habt nun die Flocken nicht mehr in die Wanne fallen lassen, sondern euch gegenseitig damit beworfen. Du hast dich zu mir umgedreht und gerufen: „Schau mal Dani, ich werde beschneit!" Ich hatte den Eindruck, dass dieser Satz ein bisschen wie eine Frage klang. Vielleicht hattest du zuerst ein wenig Sorge, ich würde euch diese „Schneeparty", wie Luisa es nannte, verbieten, kann das sein? Als ich dir antwortete, dass es wirklich aussieht wie im Winter, lachtest du zurück und bewarfst Lia und Stella, die inzwischen bei eurer Party mitmachten, mit den nächsten Flocken.

Lieber Hannes, wir hatten gestern alle ziemlich viel Freude, ihr Kinder bei eurer Schneeparty und ich, euch dabei beobachten zu können. Für nächste Woche ist wieder viel Schneefall angesagt. Vielleicht hast du Lust, mit mir und den anderen Kindern einen Winterausflug in den Wald zu machen? Dabei könnten wir zusammen Schneeflocken fangen, uns mit Schnee bewerfen und vieles mehr.

Ich freue mich darauf, lieber Hannes! Deine Daniela

In der Lernwerkstatt werden viele Lerngeschichten erzählt wie hier die Geschichte einer Styropor-Schneeparty

Die Kinderkrippe sollte sich als Ergänzung zur Familiensituation sehen. Setzt man diese Einstellung voraus, ergibt sich daraus, die Eltern umfassend zu informieren und in den pädagogischen Alltag einzubeziehen. Mit der Entscheidung, ihr Kind in einer Kinderkrippe betreuen zu lassen, geben Eltern in der Regel das erste Mal im Leben ihr Wertvollstes in zunächst fremde Hände, ihr Kind. Dies bedeutet einen sehr großen Vertrauensvorschuss. Eltern übertragen damit auch einen großen Teil der Verantwortung für ein Kind in die Hände der Erzieherinnen. Sich diese große Verantwortung immer wieder bewusst zu machen, hilft auch den Erzieherinnen dabei, Eltern mit ihren Bedürfnissen, Sorgen und auch Ängsten besser zu verstehen. Eltern, die nicht nur über pädagogische Aktivitäten informiert, sondern aktiv integriert werden, fühlen sich häufig auch mehr angenommen. Die beste Möglichkeit, das Vertrauen von Eltern zu erlangen, ist eine möglichst große Transparenz des kindlichen Alltags in der Einrichtung. Eltern, die wissen, was ihr Kind den ganzen Tag erlebt, bleibt wenig Raum für Spekulationen.

Gerade beim Arbeiten nach dem Offenen Konzept ist eine enge Zusammenarbeit mit den Eltern besonders wichtig. Denn eine Öffnung der Kinderkrippe im Inneren, also die Aufweichung oder Auflösung der herkömmlichen Gruppenstruktur, macht auch die Öffnung der Kinderkrippe als Ganzes notwendig.

Elternliste „Lernwerkstatt"

Auch wenn immer mehr Spielzeugausstatter die Lernwerkstatt und Forscherräume als Marketingmöglichkeit entdeckt haben, reicht vor allem Krippenkindern das Material aus ihrem täglichen Umfeld aus. Denn gerade für unter Dreijährige stellt der Alltag bereits so viele Erfahrungs- und Lernmöglichkeiten zur Verfügung, dass kaum extra angefertigtes und neugekauftes Material zur Ausstattung einer Lernwerkstatt nötig ist. Eine einfache Methode, möglichst viele unterschiedliche Dinge aus der Praxis zu bekommen sowie gleichzeitig Eltern auf das Thema „Lernwerkstatt" aufmerksam zu machen und dafür zu interessieren, ist die Bitte um verschiedene Sachspenden. Hierfür reicht es häufig, eine Liste in der Einrichtung auszuhängen und die Eltern um eine freiwillige Spende zu bitten.

Benötigtes Material	Wer bringt es mit?
Ausgewaschene Dosen, Tuben, Behälter, Deckel	
Schwämme aller Art, z. B. Badeschwamm, Küchenschwamm usw.	
Seife, Malfarbe und Tabletten zum Wasserfärben (Drogeriemarkt)	
Watte	
Alufolie, Butterbrotpapier, Backpapier, Eiswürfelbeutel usw.	
Kompass, Lupen, Fernglas	
Kleine Plastiktüten, Gefrierbeutel	
Uhren und Zeitmesser aller Art, z. B. Wecker, Eieruhr, Armbanduhr, Kuckucksuhr, Sanduhr, Stoppuhr usw.	
Korken	
Seile, Schnüre	
Verbandsmaterial, z. B. Mullbinden, Pflaster usw.	
Messbecher	
Schüsseln	
Kochgeschirr wie Töpfe, Pfannen, Kochlöffel, Flaschenöffner, Salatschleuder usw.	
Waagen aller Art, z. B. Personenwaage, Briefwaage, Haushaltswaage	
Decken, Tücher	
Hüte, Schuhe, Accessoires wie Taschen, Armbänder usw. (keine Ketten!)	
Lineal, Geodreieck	
Alter Laptop (gerne auch noch funktionsfähig), Handy, Tablet	

Beispiel für eine Sachspendenliste

Elternabend zum Thema „Lernwerkstatt"

Auch für die Eltern ist die Lernwerkstatt meist noch unbekanntes Terrain. Die einfachste und transparenteste Möglichkeit, ihnen die Idee und Inhalte einer Lernwerkstatt zu vermitteln, ist ein Elternabend zum Thema. Hierbei bietet es sich an, eine Referentin oder auch eine oder mehrere Kolleginnen allgemein über das Thema referieren zu lassen, den Eltern die Lernwerkstatt der Einrichtung vorzustellen, und im besten Fall, im Anschluss daran selbst tätig werden zu lassen. Die Eltern haben so die Möglichkeit, einen weiteren, sehr direkten Einblick in die pädagogische Arbeit mit Kindern zu bekommen.

Beispiel:

In der Kita wird die Lernwerkstatt im Rahmen eines Elternabends vorgestellt. Nach einem kurzen Impulsreferat über die pädagogischen Inhalte und Absichten, die mit der Gründung der Lernwerkstatt verbunden sind, bittet die Erzieherin die Eltern in die Lernwerkstatt der Kita. Zunächst ist es dort noch sehr laut, die Eltern reden miteinander; während sie die Lernwerkstatt erkunden, wird es allmählich immer ruhiger. Am Ende beschäftigen sich alle Eltern in einem Lernbereich konzentriert und still mit den Materialien.

Die Erzieherin hat, nach vorheriger Vereinbarung, die Eltern während ihrer Lernwerkstatt-Zeit gefilmt. Als sie diesen Film den Eltern im Anschluss zeigt und dann einen Film ihrer Kinder, entdecken die Eltern große Parallelen und können sich so das Tätigsein ihrer Kinder in der Lernwerkstatt besser vorstellen.

Eltern-Kind-Lernwerkstatt

Eine weitere Praxisidee ist es, eine Lernwerkstatt oder sogar mehrere Lernwerkstätten für Eltern und Kinder einzurichten und diese gemeinsam in der Lernwerkstatt tätig sein zu lassen. Zum einen macht des allen Beteiligten viel Spaß, zum anderen fördert dies die Zusammenarbeit mit Eltern in hohem Maße. Eltern-Kind-Lernwerkstätten eignen sich besonders gut im Rahmen

- von Festen und Feiern wie einem Sommer oder Stadtteilfest,
- eines Elternnachmittages oder
- von Projektwochen.

Eltern-Kinder-Lernwerkstatt „Die Elemente"

Passend zum Thema des Sommerfestes in der Kinderkrippe baut die Kita für Eltern und Kinder beispielsweise folgende Lernwerkstätten auf:

- Erde (Basteln und Bepflanzen von Gewächshäusern)
- Luft (Pustebilder gestalten)
- Wasser (Wasserwerkstatt)
- Feuer (Kerzenlicht mit Sand, mit Wasser und unter einem Glas löschen; bedarf der besonderen Aufsicht und Umsicht des Erwachsenen!).